Waldemar Grosch

Geschichte im Internet

Tipps, Tricks und Adressen

WOCHEN
SCHAU
GESCHICHTE

Die Deutsche Bibliothek – CIP-Einheitsaufnahme

Grosch, Waldemar:
Geschichte im Internet : Tipps, Tricks und Adressen / Waldemar Grosch. –
Schwalbach/Ts. : Wochenschau-Verl., 2002

ISBN 3-87920-065-3

Weitere Informationen: www.wochenschau-verlag.de

Satz: Konzept & Kontor, Hannover
Umschlaggestaltung: Klaus Ohl, Wiesbaden
Druck: Druck & Media, Kronach
Gedruckt auf chlorfreiem Papier
Printed in Germany
ISBN 3-87920-065-3

Geschichte im Internet
Tipps, Tricks und Adressen

Was geschah am 7.3.161?
Wie recherchiere ich in der Library of Congress?
Wo finde ich ein Referat zu Julius Leber?
Wer forscht über den US-Bürgerkrieg?
Wann ist das Bundesarchiv geöffnet?
Was ist ein Profoss?

Solche Fragen lassen sich mit Hilfe des Internets leicht beantworten – wenn man weiß, wo man suchen muss. Die rasant anwachsende Informationsflut im World Wide Web hat aber mangels einer erkennbaren Struktur bei vielen Nutzern eher Verwirrung und Schwellenängste bewirkt; die viel beschworene Datenautobahn ist für die meisten Historiker erst noch zu eröffnen. Nicht nur die weniger versierten Computeranwender stehen manchmal ratlos vor dem anarchischen Wildwuchs und wünschen sich Orientierungshilfen.
Internet-Einführungen und Internet-Handbücher gibt es inzwischen wie Sand am Meer, doch wird mit diesem Ratgeber angestrebt, eine Lücke zu schließen und etwas Neues zu bieten. Deshalb ist er in zwei Teile gegliedert:

- Eine Einführung informiert über die technischen Voraussetzungen und die erforderliche Software, hilft beim Anschluss ans Netz und gibt Tipps für die Informationsbeschaffung. Dieser Teil ist bewusst knapp gehalten worden: es handelt sich schließlich um Dinge, die in vielen anderen Ratgebern erläutert werden. Zudem ist es nicht möglich, auf die vielen unterschiedlichen Rechnerkonfigurationen speziell einzugehen. Auch die gesellschaftlichen oder didaktischen Veränderungen, die sich aus dem Internet ergeben könnten, sind nicht Gegenstand dieser Broschüre – hier sei auf die anderen Publikationen des Wochenschau-Verlages verwiesen, besonders auf das von Gisela Ruprecht verfasste Heft „Politische Bildung im Internet".
- Eine umfangreiche Linkliste enthält bewährte Internet-Adressen, die für Wissenschaft, Hochschule und Schule nützlich sind – angefangen bei Bibliographien, Archiven und Online-Quellensammlungen bis hin zu Verzeichnissen von Schülerreferaten und 3-D-Animationen. Durch die Ordnung nach Sachgebieten wird eine rasche Orientierung gewährleistet, und die kritische Bewertung jeder Webseite hilft, ihre Zuverlässigkeit und ihren Nutzen einzuschätzen. Natürlich ist es ausgeschlossen, alle Adressen mit historischer Thematik aufzuführen; es handelt sich um eine durchaus subjektive Auswahl nützlicher Webseiten, die ich weiterempfehlen kann. Dadurch soll für alle an Geschichte Interessierten, gleich ob Schüler, Lehrer oder Wissenschaftler, der Zugang zu dem gar nicht so geheimnisvollen neuen Medium erleichtert und damit ein Beitrag zur Erschließung der dort vorhandenen Bestände geleistet werden.

Der Aufbau des Adressenverzeichnisses ergibt sich aus der nachfolgenden Gliederung, zu den einzelnen Adressen sind aber weitere Informationen nötig.
Zu rascheren Orientierung finden sich am linken Rand einige Symbole:

- * steht für eine besonders gelungene Webseite
- ** stellt demgegenüber eine Steigerung dar
- ** kennzeichnet eine vorbildliche Webseite, die man sich auch dann ansehen sollte, wenn man nicht nach speziellen Informationen sucht
- ! weist auf eine Webseite hin, die neben guten Informationen (sonst wäre sie gar nicht aufgenommen worden) auch problematische Inhalte aufweist
- U steht für eine Webseite, die von einer Hochschule verantwortet wird, bedeutet also (in Maßen) eine Qualitätsgarantie
- K warnt vor Webseiten mit kommerzieller Zielsetzung, doch muss sich dies keineswegs negativ auf deren Qualität auswirken

Nach einem in der Regel aus der Webseite übernommenen Titel folgt dann die eigentliche Internetadresse. In einer kurzen Inhaltsangabe wird das Angebot vorgestellt, weitere Kürze strukturieren unsere Kommentare; wenn nichts zu einem Gebiet ausgesagt wird, so ist es nicht erwähnenswert.

- V **Verantwortlichkeit.** Hier wird die Einrichtung oder Person genannt, die auf der Webseite als verantwortlich angegeben ist.
- Q **Quellen.** Enthält die Webseite Quellentexte oder bietet sie einen Zugang zu entsprechenden Sammlungen?
- P **Pictures.** Gibt es Abbildungen? Welcher Art sind sie? Lassen sie sich weiterverarbeiten?
- M **Multimedia.** Zwar sind bewegte Bilder noch selten, doch Tonbeispiele gibt es schon reichlich.
- B **Bibliographie.** Wie werden die Angaben belegt? Gibt es Literaturangaben oder Literaturverzeichnisse?
- L **Links.** Wie wird man von der aufgerufenen Webseite weitergeleitet? Ist die Linksammlung strukturiert oder kommentiert?
- T **Technik.** Manche Webseiten fallen durch ungewöhnlich lange Ladezeiten oder ihre gelungene oder unzweckmäßige Struktur auf.
- S **Sprache.** In welcher Sprache ist die Webseite gehalten?

Eine abschließende Bewertung rundet die Besprechung der einzelnen Adressen ab.

Alle Links wurden mehrfach geprüft, und zwar auf unterschiedlichen Rechnern – vom schnellen Netz der PH Freiburg über ISDN-Anlagen bis hin zu klassischen Modems. Da das Internet aber sehr schnelllebig ist, entstehen ständig neue Seiten, während alte vom Netz genommen werden. Sollten Ihnen bei der Nutzung dieses Büchleins „tote" Links begegnen oder neue nützliche Adressen auffallen, bitte ich Sie um Nachricht an meine E-Mail-Adresse: *grosch@ph-freiburg.de*

Bei der Arbeit an der Linksammlung haben mich Markus Wagner und Stefan Schmidt tatkräftig unterstützt; ihnen sei hier ausdrücklich dafür gedankt.

Wie benutze ich das Internet?

Was ist das Internet?
Anfang der 60er-Jahre erkannte das US-Verteidigungsministerium, dass seine großen Zentralrechner bei einem Atomkrieg höchst gefährdet wären. Die damaligen „Elektronengehirne" ließen sich zwar in tiefen Bunkern verbergen, doch die Kommunikationswege zwischen den einzelnen, oft weit entfernten Kommandozentralen konnten nicht gleichermaßen geschützt werden. Die Lösung fand man in einer weitgehenden Dezentralisierung: Es entstand ein lockerer Verbund, bei dem möglichst viele kleinere Computer über möglichst viele Leitungen vernetzt sind und bei dem jeder Rechner mit jedem anderen in Verbindung treten kann. Eine spezielle Software („Protokoll") zerlegt dabei die vom „Server" gesendeten Daten in handliche Einheiten und leitet sie im Falle einer Störung einfach über eine der vielen anderen Leitungen weiter – der dabei eingeschlagene Weg ist unwichtig, denn die Zusammenführung der „Pakete" erfolgt erst im Zielrechner („Client"). Sollte ein Teil fehlen, so verlangt der Empfänger selbsttätig so lange eine Wiederholung, bis die Nachricht vollständig angekommen ist.
Dieses Konzept wurde 1969 im ARPANET verwirklicht, dem sich bald wissenschaftliche Einrichtungen anschlossen. Allerdings setzte es noch voraus, dass auf allen beteiligten Computern die gleiche Software installiert war, und dies wiederum bedingte eine zumindest grundsätzliche Hardware-Kompatibilität. 1971 hingen deshalb gerade einmal 30 Teilnehmer an diesem Netz.
Um diese Einschränkung zu überwinden, wurde 1982 das einheitliche Übertragungsprotokoll TCP/IP (Transmission Protocol/Internet Protocol) entwickelt, das auf vielen unterschiedlichen Rechnertypen läuft und damit die Voraussetzung für das nun so genannte Internet schafft. 1984 wurde der Großrechner der Universität Dortmund als erster deutscher Computer daran angeschlossen.
1989 entwickelte Tim Berners-Lee am Genfer Kernforschungszentrum CERN einen besonders benutzerfreundlichen Dienst, das World Wide Web (WWW, W3, „das Web"), welches sich vor allem durch drei Eigenschaften von der Konkurrenz unterscheidet:
- Man kann mit der Maus auf einfache Weise navigieren, ohne komplizierte Befehle eingeben zu müssen.
- Die „HyperText Markup Language" (HTML) ermöglicht über „Hyperlinks" das leichte Ansteuern von Verweisen, selbst wenn diese auf einem anderen Erdteil gespeichert sind.
- Alle nur denkbaren Medien (Text, Grafik, Bilder, Klänge, Filme ...) können integriert werden.
- Zudem bleiben die bislang eingeführten Dienste über das WWW nutzbar.

Durch diese Möglichkeiten wurde das Internet in kürzester Zeit auch für Privatanwender interessant; es expandiert immer noch mit atemberaubender Geschwindigkeit. Die genaue Zahl der Internet-Nutzer ist unbekannt, man schätzt sie (Stand

Herbst 2000) auf weltweit über 200 Millionen. Das riesige Informationsangebot bietet für jeden etwas: von der Unterhaltung über das Einkaufen oder das Buchen von Reisen bis hin zur Kommunikation mit Menschen in der ganzen Welt. Dabei ist die Aktualisierungsgeschwindigkeit unübertroffen: neue Informationen beispielsweise von den Börsen in aller Welt erscheinen bei jedem Nutzer „in Echtzeit", also verzögerungsfrei, auf dem Bildschirm. Ein weiterer Vorteil besteht darin, dass diese Angebote rund um die Uhr verfügbar sind: Eine Bibliotheksrecherche kann lange nach Ende der Öffnungszeiten vom häuslichen Schreibtisch aus erfolgen. Schon dieses Beispiel verdeutlicht, dass so auch für Historiker interessante Arbeitshilfen geboten werden können.

Wie komme ich ins Internet?

Die Hardware

Computer

Grundsätzlich ist jeder PC für die Nutzung des Internets geeignet, komfortabel wird es aber nur mit dem neueren IBM-kompatiblen PC oder Apple Macintosh. Die Nutzung rein textbasierter Dienste ist natürlich auch mit einem alten XT möglich, für das Surfen im WWW benötigt man aber eine grafische Benutzeroberfläche wie Windows, OS/2 oder MacOS. Damit werden die Hardware-Anforderungen auf mindestens einen Intel-386-Prozessor hochgeschraubt. Auch wenn ältere Betriebssysteme einen Internetzugang erlauben, wird dies doch erst mit Windows 95/98, MacOS 7.0/7.5 oder höheren Versionen richtig benutzerfreundlich, und so landet man bei den heute marktüblichen Pentium-II- oder -III-Prozessoren bzw. den vergleichbaren Konkurrenzprodukten.
Selbstverständlich eignen sich auch Windows NT oder das kostenlose LINUX, doch setzen diese etwas genauere Kenntnisse voraus und bleiben deshalb meist den erfahreneren Nutzern vorbehalten. Die inzwischen angebotenen „Set-Top-Boxen", mit denen man den heimischen Fernseher zum Internet-Terminal umfunktionieren kann, sind keine echte Alternative, da sie jeder „richtige Computer" im Funktionsumfang übertrifft – zumindest auf die Textverarbeitung des PC wird kaum jemand verzichten wollen.

Arbeitsspeicher

Zwar kann man mit 8 Megabyte RAM durchaus ins Internet gehen, doch ist dies nur eine Notlösung: Ständig muss der Rechner Daten auf die vergleichsweise langsame Festplatte auslagern und verliert dadurch erheblich an Geschwindigkeit. Dabei kann es außerdem zu Fehlern kommen; das System „hängt sich auf", die Datenleitung bleibt jedoch aktiv und verursacht Kosten. 16 MB RAM sind für stabiles und zügiges Arbeiten schon nötig. Allerdings wird der Rechner nicht unbedingt schneller, wenn man den Arbeitsspeicher noch großzügiger aufstockt: Mögen 32 MB durchaus noch besser sein, so ist bei 64 MB ein Unterschied kaum mehr spürbar. Übrigens kann man einen älteren PC auch nachträglich aufrüsten!

Festplatte
Ist der Arbeitsspeicher ausreichend dimensioniert, fällt die Geschwindigkeit der Festplatte kaum noch ins Gewicht. Bedenken sollte man allerdings, dass die Internet-Software z.T. ziemlich umfangreich sein kann und man noch Platz braucht, um Daten aus dem Netz herunterzuladen. Normalerweise dürften 150 MB ausreichen, wenn der Rechner ausschließlich für das Internet genutzt werden soll. Da heute Festplatten mit mehreren Gigabyte Standard sind, dürfte dies kaum noch ein Problem darstellen.

Monitor
Für E-Mail genügt ein ganz altmodischer monochromer Bildschirm, doch für das bunte WWW ist ein Farbmonitor unerlässlich. Die Größe ist nicht entscheidend, aber inzwischen richten viele Anbieter ihre Internet-Seiten auf Bildschirmdiagonalen von 17 Zoll aus, sodass kleinere Monitore Schwierigkeiten bei der Darstellung haben können. Grundsätzlich sollte man bei der Neuanschaffung eines Computers an allem sparen, nur nicht am Bildschirm: Erfahrungsgemäß ist er viel länger nutzbar als der Rechner selbst, und ein flimmernder Monitor strapaziert die Augen und führt zu rascher Ermüdung.

Soundkarte
Heute gehört die Soundkarte zum Standard-Lieferumfang eines PC; benötigt wird sie lediglich, um Klänge wiederzugeben, die Internet-Seiten begleiten oder separat heruntergeladen werden. Eine Soundkarte zum Nachrüsten gibt es schon ab 20,– DM, sie lässt sich nach Öffnen des Computergehäuses einfach einstecken. Als Standard hat sich hier die „Soundblaster-kompatible“ Karte etabliert. Um ihr die Klänge in brauchbarer Qualität entlocken zu können, lässt sie sich an eine Stereoanlage anschließen; andernfalls muss man zusätzliche Lautsprecher erwerben oder mit einem Kopfhörer arbeiten.

Netzwerkkarte
Zu Hause sind vernetzte Computer noch eine Seltenheit, wenn auch einiges dafür spricht, die Peripheriegeräte wie Drucker gemeinsam zu nutzen: Der PC im Arbeitszimmer könnte gemeinsam mit von den Kindern verwendeten Geräten oder dem separaten Internet-Rechner auf einen einzigen Drucker zugreifen. Dafür benötigt man für jeden eine Netzwerkkarte, die den entsprechenden Anschluss bereitstellt.
In Hochschulen und Schulen sind Netzwerke aber die Regel: Der Arbeitsplatz-PC ist mit einem Großrechner verbunden, über den ein direkter Internet-Zugang möglich ist. Hier ist von Experimenten dringend abzuraten: Eine andere als die von den Netzwerk-Administratoren verwendete und empfohlene Karte kann zu Problemen

bei Installation und Betrieb führen und macht einen Rückgriff auf das Know-how der Fachleute schwieriger.

Eingabegeräte
Die wichtigsten Geräte zur Kommunikation mit dem PC sind nach wie vor Tastatur und Maus. Hier sind zwar keine besonderen Ansprüche zu stellen, doch kann eine klapprige Tastatur zu 14,– DM einem den Spaß am Schreiben vergällen. Ein hochwertigeres Keyboard kostet nicht die Welt und lässt sich nach dem Wechsel des PC problemlos weiterverwenden. Ob die Entscheidung für eines der heute so beliebten kabellosen Geräte fällt, hängt durchaus mit der Ordnung auf dem Schreibtisch zusammen. Das Gleiche gilt für die Maus: Billige Mäuse sind meist auch billig verarbeitet. Allerdings hält es auch eine teure Maus nicht lange aus, wenn sie öfter mal vom Tisch fällt. Eigentlich handelt es sich dabei um ein Verbrauchsmaterial, das ohnehin ab und zu einmal ersetzt werden muss. Manche Benutzer schwören als Alternativen auf Trackball (eine Art umgedrehte Maus, bei der die Kugel an der Oberseite angebracht ist) oder Touchpad, wie es bei tragbaren Computern verbreitet ist. Das ist reine Geschmackssache; die überwiegende Mehrzahl der Anwender ist aber mit der Maus ganz zufrieden.

Grafikkarte
Über die Grafikkarte machen sich oft nur Spielefreaks und ambitionierte Foto- oder Videoamateure Gedanken. Für das Internet genügen die in moderne PCs eingebaute Karten allemal. Ältere Systeme sollten über eine SVGA-Karte verfügen; der Grafikspeicher (heute mindestens 4–8 MB) ist für das WWW sekundär.

Drucker
Zum Computer gehört unbedingt ein Drucker, mit dem man die erarbeiteten Texte zu Papier bringen kann. Für das Internet braucht man ihn zunächst nicht, kann dann aber die Erträge der Recherche eben nicht als „Hardcopy“ ausdrucken. Eigentlich braucht man zwei Drucker: einen Laserdrucker für Textausgabe und einen farbfähigen Tintenstrahldrucker für Grafiken und Bilder. Der Laserdrucker ist im Betrieb sehr viel billiger, stellt geringere Ansprüche an die Papierqualität, ist schneller und liefert ein dem Buchdruck schon sehr nahe kommendes Schriftbild. Die Tintenspritzer kosten zwar in der Anschaffung viel weniger und können praktisch mit Fotoqualität drucken, sie sind aber langsamer und bringen bei Textdruck eine geringere Sättigung. Zudem halten die teuren Tintenpatronen nicht lange vor: Wenn man z. B. für die Schule mehrere Exemplare des Ausdrucks haben will, kommt ein farbiger Ausdruck im Klassensatz leicht auf Kosten von um die 20,– DM. Legt man die mühsam erstellten Farbdrucke ohnehin auf den Fotokopierer, schwindet dieser Vorteil vollends. Interessant ist allenfalls der farbige Druck auf spezielle Folien, doch sind diese recht teuer und bringen in der starken Vergrößerung durch den Overhead-Projektor nicht die gewünschte Schärfe und Farbsättigung. Mit einem Laserdrucker

lassen sich zwar nur schwarzweiße Folien erstellen, doch genügen dazu die in den Schulen vorrätigen Fotokopierer-Folien, und die Qualität ist über jeden Zweifel erhaben. Da Tintenstrahldrucker aber bei Sonderangeboten häufig gebündelt mit dem PC angeboten werden, kann man damit erst einmal beginnen und bei Bedarf einen Laserdrucker hinzukaufen.

Scanner
Früher war die Anschaffung eines Scanners ein teures Vergnügen: Einfache Handscanner in der Größe eines Elektrorasierers brachten unbrauchbare Ergebnisse, und ein Flachbettscanner, auf den man die Vorlage wie auf einen Fotokopierer legen kann, kostete ein kleines Vermögen. Inzwischen werden solche Geräte teilweise für um die 100,– DM verkauft, und nach einschlägigen Tests ist deren Qualität für Heimanwender völlig ausreichend. Zusammen mit einem guten Drucker ersetzt ein solcher Scanner jeden Fotokopierer! Damit wird es möglich, am häuslichen Schreibtisch die Vorlagen zusammenzustellen, die man früher mühsam mit Schere und Kleister zusammengeklebt hat. An die mitgelieferten Texterkennungsprogramme sollte man keine allzu hohen Erwartungen stellen: Sie funktionieren zwar, doch ist immer noch jede Menge Nacharbeit notwendig. Die vom Hersteller angegebenen niedrigen Fehlerraten beziehen sich auf ideale Bedingungen, also z. B. auf optimale Qualität der Vorlage ohne die bei Buchkopien unvermeidlichen dunklen Ränder und auf immer gleich bleibende Schriftart und -größe. Für das Internet wird spätestens dann ein Scanner erforderlich, wenn man selbst Seiten erstellen und grafisch aufwerten will.

Der Anschluss ans Internet
Wie kommt nun der Rechner ans Internet? Betreibt man ihn in einem Netzwerk, ist diese Frage schon geklärt. Der zentrale Rechner ist gleichzeitig der „Host", der Netzknoten. In allen anderen Fällen ist der Anschluss an das Telefonnetz erforderlich. Hier sind drei Typen zu unterscheiden:
1. Mit der Infrarotschnittstelle eines Notebook-Computers kann man über ein ebenfalls mit einer solchen Schnittstelle ausgestattetes Handy direkt ins Internet gehen. Allerdings geht dies recht langsam, und es fallen die hohen Telefongebühren des Handy-Providers an. Desktop-PC nutzen deshalb in der Regel das normale Telefon-Festnetz.
2. Steht ein ISDN-Anschluss zur Verfügung, benötigt man lediglich eine Schnittstellenkarte, also eine Einsteckkarte für den PC, die eine entsprechende Steckdose bereitstellt. Inzwischen gibt es auch externe Adapter, für deren Anschluss der Computer nicht mehr geöffnet werden muss, die aber dafür ein zusätzliches Netzteil benötigen und damit den Kabelwirrwar auf dem Schreibtisch weiter vergrößern. Mit einem ISDN-Kabel verbindet man die Steckdose im Rechner mit der Steckdose der Telekom (oder der Telefonanlage) und kann die digitalen Daten direkt übertragen.

3. Die klassischen Telefonanschlüsse sind dazu nicht in der Lage; hier muss das digitale Computersignal erst in ein analoges (akustisches) Telefonsignal umgewandelt werden. Das geschieht mit einem Modem (es heißt *der* Modem, weil es sich um die Abkürzung von „Modulator-Demodulator" handelt). Modems können im Rechner eingebaut oder in einem eigenen Gehäuse daneben betrieben werden, sie kosten je nach Ausstattung ab ca. 150,– DM. Günstigere Angebote beinhalten häufig eine Vertragsbindung an einen der Internet-Provider, ähnlich wie beim Handy-Kauf, und ziehen somit Folgekosten nach sich. Standard bei Modems ist heute eine Übertragungsgeschwindigkeit von 56 kB/sec, also 56.000 Bits in der Sekunde. Damit fallen sie gegenüber den ISDN-Geschwindigkeiten von maximal 64 kB/sec noch etwas ab, doch macht sich dies im Betrieb nicht so stark bemerkbar, da die hohen ISDN-Werte eigentlich nur im deutschen Netz Standard sind und die Übertragungsgeschwindigkeit von dem langsamsten System bestimmt wird. Dafür bietet ISDN den Vorteil, dass man auch beim Surfen telefonisch erreichbar ist: Beim analogen Verfahren ist die einzige Leitung ja durch den Modem blockiert. Kann man darauf verzichten, lässt sich bei manchen Providern die Übertragungsgeschwindigkeit von ISDN durch „Kanalbündelung" theoretisch verdoppeln. Dabei nutzt man beide Leitungen gleichzeitig und verdoppelt so natürlich auch die Telefongebühren.
Schon keine Zukunftsmusik mehr ist die nächste, noch viel schnellere Lösung: ADSL, das auf einem ISDN-Anschluss basiert und durch eine zusätzliche Datenleitung „downstream" etwa zwölfmal schneller ist. Soviel Speed kostet natürlich auch mehr! Die Telekom bietet inzwischen ihre Variante T-DSL zu Kampfpreisen an, doch soll der bundesweite Ausbau des Netzes noch bis Ende 2001 dauern. Wer wissen möchte, wann sein Wohnort angeschlossen wird, kann dies unter *www.telekom.de/tdsl* erfragen. Für DSL benötigt man Zusatzgeräte: einen „Splitter", der als Weiche Sprach- und Datenverkehr trennt, eine Netzwerkkarte (Ethernet 10 Mbit) und den DSL-Modem. Als Einführungsangebot werden diese Geräte zu symbolischen Preisen angeboten, wenn man gleichzeitig einen T-DSL-Anschluss beantragt.
Die Steigerung der Übertragungsgeschwindigkeit wird auch durch andere Verfahren angestrebt, die aber entweder noch nicht marktreif oder nur für ausgesprochene „Power-Surfer" von Interesse sind, welche auch hohe Preise dafür bezahlen. Glück hat, wer z. B. in einer Hochschule direkt über ein internes Netz mit dem Server verbunden ist. Dann können die schnellen „Backbones" der Provider direkt genutzt werden.

Die Software
Um ins Internet zu kommen, werden drei Arten von Software benötigt: Systemsoftware, Dienstprogramme und Zugangssoftware.

Systemsoftware

Wie bereits dargestellt, ist TCP/IP eine der Voraussetzungen für die Entstehung des Internets. Dieses Netzwerkprotokoll ermöglicht überhaupt erst den Datentransport. Es ist in den neueren Betriebssystemen (Windows ab 95, Macintosh/MacOS ab 7.5) enthalten und muss meist nur noch aktiviert werden. Wie dies im Einzelnen geschieht, wird vom Provider mitgeteilt. Dabei wird auch geklärt, nach welchem Verfahren die Anbindung an das Telefonnetz erfolgt: nach dem älteren SLIP (Serial Line Internet Protocol) oder dem modernen PPP (Point to Point Protocol). Diese Protokolle übernehmen auch das Anwählen des Knotenpunktes; folglich muss bei der Installation die Telefonnummer des Knotens eingegeben werden. Entscheidet man sich für einen der großen Online-Dienste (T-Online, AOL, Compuserve etc.), werden diese Schritte von der mitgelieferten Software automatisch durchgeführt. Besonders hier zeigen sich die Verbesserungen bei Windows 95/98; eine Konfiguration für ältere Betriebssysteme ist ziemlich aufwendig.

Dienstprogramme

Wenn der Anschluss ans Internet steht, wird der Browser (to browse = schmökern) gestartet.

Hier haben sich inzwischen zwei Programme als Standard etabliert: Microsofts „Internet Explorer“ und Novells „Netscape Navigator“, der Bestandteil des „Communicator“-Paketes ist. Beide bieten Zugang zu allen wichtigen Diensten des Internets, sie sind komfortabel und einfach zu bedienen und stehen für alle Windows Versionen, Linux und Macintosh kostenlos zur Verfügung. Da sie beim Neukauf eines Rechners ohnehin mitgeliefert werden, fristen andere Browser nur noch eine Nischenexistenz und werden allenfalls von Leuten genutzt, denen der Speicherplatzbedarf dieser großen Programme zu hoch ist.

Der Opera-Browser (*www.operasoftware.com/de* oder die norwegische Zentrale *www.opera.com*) ist ein solches kleines Programm, läuft sogar auf 386er-PCs und bietet inzwischen den gleichen Funktionsumfang wie die bekanntere Konkurrenz. Allerdings muss man eine Registrierungsgebühr bezahlen. Interessant ist auch der Amaya Web Browser, der vom WWW-Consortium als eigentlicher Referenz-Browser angesehen wird und über einige besondere Fähigkeiten verfügt. Man kann ihn unter *www.w3.org/Amaya* kostenlos herunterladen. Aktualisierungen der Browser können über das Internet erfolgen, doch liefern die einschlägigen Computerzeitschriften auf ihren Heft-CDs die neuesten Versionen mit.

Zusätzlich ist ein E-Mail-Programm sinnvoll; auch hier gibt es Lösungen von Microsoft, die Bestandteil des Windows-Programmpakets sind (Microsoft Outlook Express) oder von der Netscape-Konkurrenz (Netscape Messenger). Als Alternativen bieten sich z. B. das kostenlose, sich in den Netscape Navigator einklinkende Eudora Pro (*www.eudora.com*) und AK-Mail (erhältlich unter *http://www.akmail.com/ger/start.html*, nur für Windows) an, die inzwischen ebenso leistungsfähig sind.

Zugangssoftware
Die ideale Zugangsweise ins Internet erfolgt über einen eigenen Knoten, der mittels einer Standleitung direkte Verbindung zum Internet hat. Hochschulrechenzentren betreiben solche Server, auf die aus dem Hochschulnetz, aber auch von außerhalb über die Telefonleitung zugegriffen werden kann, wenn man über eine Berechtigung dazu verfügt.

Andernfalls muss man sich einem kommerziellen Unternehmen anvertrauen, das gegen Entgelt einen Zugang anbietet. Diese Provider haben ganz unterschiedliche Philosophien: bloße Internet-Anbieter (Internet Provider oder Internet Service Provider, ISP) bieten nur den Zugang, andere wieder sind zu „Online-Diensten" ausgebaut worden und stellen ihren Kunden über „Gateways" oder „Portale" besondere Informationsangebote oder Funktionen zur Verfügung. Der in Deutschland mit Abstand größte dieser Online-Dienste ist T-Online (*www.t-online.de*), dessen Homebanking-Funktionen immer noch konkurrenzlos sind. Weltweit steht das auf vielen neuen Rechnern vorinstallierte AOL (America Online) an der Spitze (*www.aol.de*), das mit seinem familienorientierten Angebot wirbt, und Compuserve hat einen guten Ruf in allen Wirtschaftsfragen. Diese großen Anbieter sind bundesweit zum Ortstarif zu erreichen, während kleinere über weniger Einwahlknoten verfügen, sodass man darauf achten muss, dass nicht teure Ferngespräche abgerechnet werden, wenn man einen Knoten außerhalb des Ortsnetzes anruft! Alle diese Dienste bieten selbstverständlich mindestens eine E-Mail-Adresse für jeden Benutzer und die Möglichkeit, eigene Webseiten als „Homepages" ins WWW zu stellen. Kriterien für die Auswahl eines Providers sind schwer zu finden. Die wichtigsten Funktionen sind inzwischen allgemeiner Standard, und ob man die bei Freenet angebotenen 25 E-Mail-Adressen wirklich braucht, soll jeder selbst entscheiden. Letztlich wird wohl der Preis die wichtigste Größe sein. Die großen Online-Dienste verlangen monatliche Grundgebühren, bieten dafür aber auch besonders gepflegte Datenbanken, deren Nutzung mitunter aber nochmals etwas kostet.

Kleinere Provider sind oft billiger, doch stoßen sie manchmal zu Spitzenzeiten an die Leistungsgrenze ihrer Server, sodass die Verbindung nicht zustande kommt, die Datenübertragung extrem langsam verläuft oder die Leitung zusammenbricht. In Deutschland gehen die meisten Menschen am frühen Abend und am Wochenende ins Netz, da kann es schon einmal zu Staus kommen. Oft reicht aber ein bloßer Netzzugang aus; die vielen zusätzlichen Funktionen der großen Dienste sind nicht für jeden den Mehrpreis wert. Gerade für Einsteiger empfiehlt sich die Nutzung eines Providers, mit dem Freunde oder Kollegen gute Erfahrungen gemacht haben und im Zweifelsfall auch mit Rat und Tat helfen können. Vorsicht übrigens bei kostenlosen Probezeiten: Manche Installationssoftware greift so tief ins Betriebssystem ein, dass man sie nur mit viel Mühe wieder entfernen kann, wenn man doch einen anderen Provider bevorzugt. Außerdem muss man Gratisabonnements natürlich fristgerecht kündigen, sonst werden sie automatisch verlängert. Die reinen Telefonkosten sind relativ gering: Angebote unter 3 Pfennig pro Minute sind üblich. Hier lohnt sich

ein Blick in die Computer-Fachzeitschriften, die häufig (CHIP z. B. in jeder Ausgabe) über die aktuell günstigsten Provider berichten. Zu beachten ist aber, dass der Gesamtpreis aus Grundgebühr und Verbindungskosten besteht. Manche Anbieter rechnen im Minutentakt ab, andere im Sekundentakt, wieder andere verlangen für jede neue Einwahl eine eigene Gebühr. Ein Gratis-Provider kann dann unter Umständen mehr kosten als einer, der eine feste Monatsgebühr verlangt und dafür günstigere Verbindungskosten bietet. Deshalb ist „Internet by Call", die fallweise Auswahl eines Anbieters ohne Vertragsbindung, in der Regel gar nicht so billig, denn hier schlagen die Telefongebühren höher zu Buche.
Aktuell sind für 20 Stunden im Monat zwischen 25,– und 50,– DM zu veranschlagen, 50 Stunden kosten von 60,– DM aufwärts, und die Standleitung („Flatrate") ohne Zeitbegrenzung ist für 70–90,– DM zu haben. Eingefleischte „Power-Surfer", die nach höheren Übertragungsgeschwindigkeiten nach ADSL-Standard oder über Satellit lechzen, müssen deutlich mehr bezahlen, erreichen dabei aber auch Übertragungsraten bis zu 5 Mbit/s. Der Preisverfall auf diesem Sektor wird dies sicherlich bald auch für Otto Normalsurfer erschwinglich machen.
Eine Übersicht über die in Deutschland vertretenen Provider bietet *www.infostar.de/webindex*, eine kleine Auswahl findet sich im untenstehendem Kasten.

Einige günstige und bewährte Provider

Freenet	http://www.freenet.de
CompuServe	http://www.compuserve.de
T-Online	http./ /www.t-online.de
AOL Bertelsmann	http://www.aol.de
Netsurf	http://www.netsurf.de
1&1	http://www.sofort-start.de
UUNet	http://www.uunet.de
Viag Interkom	http://www.viaginterkom.de
Strato AG	http://www.strato.de

„Bin ich drin?"
Erster Schritt zum Aufbau einer Internetverbindung ist der Kontakt mit dem Provider. Will man einen der großen Online-Dienste nutzen, kann man die gratis verteilten oder bereits vorinstallierten Programme verwenden. Die Installation erfolgt weitgehend selbstständig: Man klickt das Symbol von AOL, Compuserve oder T-Online an und muss sich nur noch anmelden. Will man einen einfachen Zugang nutzen, führt der Weg bei Windows 95 folgende über das „DFÜ-Netzwerk", das

sich unter „Start – Programme – Zubehör (– Kommunikation)“ findet. Fehlt es auf dem Rechner, muss man es sich erst noch von der mitgelieferten Windows-CD holen (über „Start – Einstellungen – Systemsteuerung – Software – Eigenschaften von Software – Windows-Setup – Verbindungen – DFÜ-Netzwerk“). Das Installations-Hilfsprogramm führt dann durch die einzelnen Schritte weiter; man muss aber die Telefonnummer des gewünschten Providers griffbereit haben. Wenn die Verbindung steht, erscheint unten rechts am Bildschirmrand ein kleines Symbol, das zwei miteinander verbundene Computer darstellt. Um die Verbindung zu unterbrechen, braucht man dieses nur anzuklicken und den entsprechenden Befehl auszuwählen.

Was leistet das Internet? – Die Internet-Dienste

Was kann man nun mit dem gelungenen Anschluss alles anfangen? Bedingt durch seine Entstehungsgeschichte bietet das Internet eine ganze Reihe von Möglichkeiten, die sogenannten Dienste.

World Wide Web
Der Dienst, den die meisten mit dem Internet schlechthin identifizieren, ist das WWW, in dem alle nur erdenklichen Informationen und Medien über den Browser zugänglich sind. Es besteht letztlich aus Webseiten (web sites), die auf Rechnern in der ganzen Welt abgelegt und von überall aus aufgerufen werden können. Sie bestehen zumindest aus einer Start- oder Hauptseite (Homepage), doch finden sich hier meist Verweise (Links) auf andere Seiten. Klickt man einen „internen Link“ an, öffnet sich eine der Homepage nachgeordnete Seite. Vergleichbar ist dies mit einem Inhaltsverzeichnis (auf der Homepage), das den Benutzer direkt zum gesuchten Kapitel oder einer Textstelle führt. „Externe Links“ verweisen auf fremde Homepages, die meist thematisch verwandt sind, doch findet sich hier auch Werbung, mit der manche Anbieter ihre Seite finanzieren. Über diese Links kann man sich rasch und wahllos durchs WWW klicken, das berühmte „Surfen“ ohne bestimmtes Ziel. In einer gepflegten Linksammlung erhält man dagegen viele wichtige oder interessante Anregungen, vergleichbar mit Leseempfehlungen. Dieses Buch besteht zu einem erheblichen Teil aus solchen Links, die das Suchen erleichtern und stärker auf ein Ziel hin ausrichten sollen.

E-Mail
Zwar ist die richtige Kurzschreibweise für „electronic mail“ immer noch ungeklärt (Email? eMail? email?, der Duden schreibt E-Mail), doch hat sich das Verb „mailen“ inzwischen fest in der deutschen Sprache verankert. Schließlich handelt es sich ja auch um einen der ganz wichtigen Internet-Dienste, denn mit E-Mail kann man Texte senden und empfangen. Mit solchen elektronischen Briefen wird inzwischen in

Dienst	Funktion	Zugang	Möglichkeiten	Protokoll
World Wide Web (WWW)	multimediales Dateiablagesystem	öffentlich	betrachten, anhören	http://
E-Mail	Schriftverkehr zwischen bestimmten Adressaten	nicht öffentlich	senden und empfangen	mailto:
Mailing List	Schriftverkehr innerhalb einer geschlossenen Gruppe	nicht öffentlich	senden und empfangen	
Newsletter	Textsendungen eines Anbieters an eine geschlossene Gruppe	nicht öffentlich	empfangen	
Newsgroup	Textsendungen an die Öffentlichkeit	öffentlich	empfangen	news:
File Transferprotocol (FTP)	Kommunikation mit anderen Rechnern	öffentlich	„download", „upload"	ftp://
Gopher	Dateiablagesystem	öffentlich	betrachten	gopher://
Chat	Echtzeit-Schriftkontakt zu anderen Teilnehmern	öffentlich		http://
IRC	Echtzeit-Schriftkontakt zu anderen Teilnehmern	öffentlich	Texteingabe über Tastatur, senden und empfangen	spezielle „Channels", nur über eigene Programme
ICQ	Echtzeit-Schriftkontakt zwischen zwei Personen	nicht öffentlich		
Telnet	Fernbedienung eines anderen Computers („remote")	nicht öffentlich	Sonderanwendung, kaum für private Nutzer	telnet://

vielen Branchen gearbeitet, und im zwischenmenschlichen Kontakt haben sie sogar schon die Liebesbriefe verdrängt. Zur Nutzung dieses Dienstes benötigt man eine „Mailbox" auf dem E-Mail-Rechner des Providers, auf die nur der Benutzer Zugriff hat. Den Namen dieses Postfachs kann man sich meist selbst aussuchen; oft wird der eigene Name (häufig in abgekürzter Form, da die Länge begrenzt ist) vorangestellt.

Ob dies aus Datenschutzgründen immer sinnvoll ist, wird in der Fachpresse gelegentlich in Frage gestellt; dort werden dann Spitznamen, Pseudonyme oder Zahlenkombinationen empfohlen, um bei Überschwemmungen durch unerwünschte Werbung („spam“) unter einem anderen Namen rasch ein neues Postfach eröffnen zu können. Vielsurfer haben deshalb mehrere E-Mail-Adressen und geben je nach Bedarf ihre offene oder eine verdeckte Anschrift an. Wenn man aber seine Adresse nicht wahllos an jeden weitergibt, sind solche Vorsichtsmaßnahmen wohl weniger wichtig.

Eine E-Mail-Adresse besteht aus drei Teilen: dem ohne Leerstellen geschriebenen Benutzernamen (oder Pseudonym), dem „at“-Zeichen @ (dem „Klammeraffen“) und dem Rechnernamen, der wieder aus mehreren Teilen zusammengesetzt sein kann. Ein Beispiel:

KarlMüller@ph-freiburg.de

Die E-Mail selbst ist in zwei Bereiche gegliedert, die sich mit einem herkömmlichen Brief vergleichen lassen.

– Im Briefkopf (head) stehen Empfänger, Absender und Betreff. Viele Programme verlangen zwingend Eintragungen in allen drei Feldern, da der Betreff (subject) beim Empfänger in der Liste eingegangener Mails angezeigt wird. Antwortet man auf eine bereits vorliegende Mail, trägt das Programm diese Angaben selbst ein. Statt eines einzelnen Empfängers kann man auch mehrere eingeben, die entweder durch Semikolon getrennt oder aus einer bestehenden Adressenliste übernommen werden. Manchmal kann man unter „Cc“ (Carbon copy) auch noch Adressen eintragen, an die eine Kopie der Mail gesandt wird – quasi ein Verteiler –, und benutzt man die „Bcc“-Funktion („Blind carbon copy“), wird die Information über den Verteiler nicht mitversandt.

– Im zweiten Bereich steht der eigentliche Text, dem bei einer Antwort der Text der bereits vorliegenden Mail angehängt sein kann. Wenn man möchte, kann man an die Mail auch eine „Signatur“ anfügen, die als persönliches Markenzeichen dient und die eigene Postanschrift oder irgendwelche Formen der Selbstdarstellung enthalten kann.

Der große Vorteil der E-Mail gegenüber dem Brief ist die kurze Übertragungszeit: der Empfänger kann den Text bereits Sekunden später lesen, seine Antwort einfach über den Brief setzen und ihn sofort an den Absender zurückschicken. Das eigentliche Schreiben nimmt dabei die längste Zeit in Anspruch. E-Mails haben das Kommunikationsverhalten verändert: Sie sind weniger formell als Briefe und kommen so Schreibfaulen entgegen. Andererseits sind sie verbindlicher als Telefongespräche: Dem Empfänger liegt ein Text vor, den man vor dem Absenden nochmals lesen und ändern konnte. Der Empfänger kann seinerseits die Botschaft am PC weiterverarbeiten, eventuell verändern und zurücksenden.

Schreiben kann man seine E-Mail direkt im dafür vorgesehenen Fenster des Providers (Vorsicht! Tut man dies online, kostet bereits das Schreiben Geld!), man kann aber auch Dateien aus Textverarbeitungsprogrammen verwenden, wenn man sie über die Windows-Zwischenablage in die E-Mail-Software übernimmt. In beiden Fällen kann es Probleme mit Sonderzeichen geben, da nur der einfache ASCII-Zeichensatz übertragen wird und bei fremdsprachigen Empfängern statt Umlauten Lücken erscheinen. Zudem gibt es weder Format- noch Layout-Besonderheiten. Als so genannte „Attachments“ oder Anlagen kann man Dateien beifügen, welche die vollständige Formatierung beibehalten sollen, also beispielsweise mit MS Word, WordPerfect oder ähnlichen Programmen geschriebene Texte einschließlich Absätzen, Fettdruck, Seitenumbrüchen etc. Juristen schicken auf diese Weise häufig ihre Vertragsentwürfe hin und her. Es lassen sich auch Bilder oder ganze Programme (.exe-Dateien) anhängen. Allerdings sollte man bei .exe- oder .com-Dateien von fremden Absendern vorsichtig sein: Einige der bekanntesten Computerviren werden so verbreitet (einfache E-Mails sind aber völlig sicher!). Manche E-Mail-Programme verlangen die Eintragung von Attachments im Briefkopf (head), andere benutzen dafür eine eigene Schaltfläche.

Hat man sich erst einmal an den Umgang mit E-Mails gewöhnt, kann man sich kaum mehr vorstellen, wie die Kommunikation über große Entfernungen in alten Tagen abgelaufen ist. Die geringen Kosten – man bezahlt nur die Telefonverbindung zum Einwahlknoten des Providers – und die hohe Geschwindigkeit sind unschätzbare Vorteile. Aber es gibt auch Nachteile: Mit dem Wechsel des Providers ändert sich auch die Mailadresse; die alte Mailbox wird meist sofort gelöscht, eingehende Briefe werden als unzustellbar zurückgeschickt. Inzwischen haben spezielle Anbieter auf dieses Problem reagiert und bieten dauerhafte Adressen an, von denen aus die Nachrichten an die jeweils aktuelle Anschrift weitergesandt werden. Die leicht einzurichtende automatische Weiterleitung empfiehlt sich übrigens auch, wenn man mehrere Postfächer unterhält, diese aber nicht ständig auf Neueingänge überprüfen will. Dann gehen die Mails aus allen Fächern bei einer zentralen Mailbox ein, deren Adresse dem Absender nicht bekannt sein muss.

Ein weiteres Problem der E-Mail liegt in ihrer relativen Offenheit; nicht nur die Betreiber der Netzknoten können theoretisch jederzeit mitlesen. Spezielle Programme, vor allem „Pretty Good Privacy“, bieten hier Verschlüsselungsmöglichkeiten, die aber natürlich bei Absender und Empfänger gleichermaßen installiert sein müssen.

Schließlich haben sich die erwähnten „Spams“ zu einem echten Problem ausgewachsen: E-Mail-Adressen werden inzwischen richtiggehend gehandelt. Viel kann man dagegen nicht unternehmen, da die Absenderangaben häufig fingiert sind und Schutzprogramme, so genannte „Spam-Killer“, nur bescheidene Erfolge haben. Im Extremfall hilft dann nur der Wechsel der E-Mail-Adresse. Nutzt man E-Mails intensiv, wird man nicht um die Anschaffung eines komfortablen Spezialprogrammes herumkommen, das die Verwaltung der Nachrichten erleichtert und eingehende Post sogar automatisch sortieren kann. Microsoft Outlook hat sich hier eine marktbeherrschende Position verschafft, ebenso gut sind aber auch der Netscape Messenger oder das kostenlose Eudora Pro.

Mailing List und Newsletter

Manche Institutionen versenden regelmäßig Mails an einen festen Personenkreis. So ist es z. B. möglich, sich bei den großen Parteien als Empfänger anzumelden; dann erhält man alle relevanten Pressemitteilungen automatisch zugesandt. Diese Rundschreiben sind meist kostenlos und umfassen häufig so viele Mails, dass man mit dem Lesen kaum noch nachkommt. Ist eine Diskussion über den Inhalt dieser Briefe möglich, spricht man von Mailing Lists, Newsletters hingegen verlaufen im Einbahnverkehr und werden lediglich ausgesandt. Technisch sind beide Dienste mit gängigen Browsern abzuwickeln; will man selbst eine solche Mailing List eröffnen, empfehlen sich Programme wie „Listserv" oder „Majordomo". Über solche Gruppen können Personen mit speziellen Interessen in weltweiten Austausch treten; in manchen Fachgebieten sind Mailing Lists schon zu einem wichtigen Teil der wissenschaftlichen Öffentlichkeit geworden.

Newsgroups

Newsgroups sind themenbezogene Diskussionsforen, an denen man mit E-Mails teilnimmt. Die einzelnen Foren – es gibt inzwischen zigtausende zu allen nur denkbaren Themen – sind öffentlich. Die zur Teilnahme erforderlichen „Newsreader"-Programme sind inzwischen in die Standardbrowser integriert (bei dem Microsoft Explorer ist das ab Windows 98 mitgelieferte Outlook Express erforderlich); zugegriffen wird in der Regel auf eigene News-Server der Provider, die im „Usenet" weltweit zusammengeschlossen sind. Da es unter den vielen Newsgroups immer auch welche mit problematischem Inhalt gibt, werden sie von den Providern überwacht; Foren mit rechtsextremem oder pornographischem Inhalt können dann gesperrt werden.

Im direkten Dialog lassen sich in den Newsgroups Fragen stellen – es finden sich erstaunlich viele Personen, die sich für eine Antwort Zeit nehmen. So erbrachte die Anfrage einer unserer Studentinnen zur Sicht des US-Bürgerkrieges in der modernen US-Gesellschaft eine fast unübersehbare Fülle von zum Teil sehr ausführlichen Stellungnahmen, die teilweise sogar von renommierten Historikern stammten.

Die Newsgroups sind somit eine hervorragende Ergänzung zur Recherche mit Suchmaschinen, und weil man die Diskussionen gelegentlich auch noch im Nachhinein zur Kenntnis nehmen will, sind unter *www.dejanews.com* ältere Beiträge abgelegt und über Stichworte und Datum aufzufinden. Über E-Mail kann man direkt mit dem Verfasser in Kontakt treten. Unter *www.infoseek.com* findet man ein entsprechendes kommerzielles Angebot, das aber für die ersten 100 Anfragen bzw. für einen Monat kostenfrei ist.

FTP

Das File transfer protocol FTP bietet Zugriff auf die größten Datenarchive der Welt. Mit ihm lassen sich alle möglichen Dateien von fremden Computern herunterladen („downloaden"), aber nicht wie im WWW online ansehen. Die gängigen Browser

beherrschen FTP, doch sind spezielle Programme vielfach schneller, so z. B. das Shareware-Programm CuteFTP (*www.cuteftp.com*).
Die besondere Stärke von FTP ist die Fähigkeit, große Dateien in komprimierter Form zugänglich zu machen. Das können Programme, aber auch umfangreiche Texte wie z. B. ganze Bücher sein. Zum Dekomprimieren benötigt man eine „Packer"-Software, die es als Freeware oder Testversion auf den Heft-CDs der Computermagazine gibt und die fast jeder PC-Benutzer irgendwo in seinem Fundus hat. Der gängigste und wohl auch komfortabelste dieser Packer ist WinZIP, das man auch unter *www.winzip.de* herunterladen kann. Im Gegensatz zu den meisten anderen beherrscht WinZIP auch die Komprimiermethoden der Konkurrenz und kann somit alle gängigen Formate (mit den Endungen .ARJ, .GZ, .HQX, .LHA, .TAR und natürlich .ZIP) wieder entpacken. Solche gepackten Dateien werden auch im WWW zum Download angeboten. Will man große Datenmengen aus dem Netz saugen, sind „Download-Manager" wie GetRight (*www.getright.com*) oder das kostenlose, dafür mit Werbung garnierte GoZilla (*www.go-zilla.com*) hilfreich, da sie bei einem Zusammenbruch der Verbindung selbstständig an der Stelle weitermachen, an welcher der Fehler aufgetreten ist. Falls auf dem FTP-Server eine Log-in-Kennung erforderlich ist, gibt man „anonymous" ein, das Passwort ist dann die eigene Mail-Adresse. Danach kann man sich wie auf dem eigenen Rechner in den auf dem Server abgelegten Verzeichnissen bewegen und Dateien kopieren. Da man unter FTP stets nur mit einem einzigen Server kommuniziert, muss man genau wissen, ob die gesuchte Datei sich auch dort befindet. Ansonsten benötigt man ein Suchsystem wie „Archie", das besonders nach Software fahnden kann, welche man sich dann unter den angegebenen Adressen noch herunterladen muss. Ein bequemer Zugang ist beispielsweise *www.lerc.nasa.gov/archieplex*. Sehr komfortabel ist „Archie" aber nicht.

Gopher
Gopher („Erdhörnchen") ist ein vom WWW unabhängiges System zur Strukturierung des riesigen Informationsangebots im Netz. Der Unterschied liegt hauptsächlich in der Art, wie die Internetressourcen geordnet werden: Im WWW klickt man sich durch Webseiten, während Gopher mit seiner baumartigen, serverübergreifenden Menüstruktur dem Windows-Explorer ähnelt, bei dem man sich durch Untermenüs weiterarbeitet. Dabei sind die unterschiedlichen Gopher-Dienste miteinander verknüpft und greifen auf angeschlossene Server über. Als Anwender bemerkt man davon kaum etwas; alles funktioniert über Mausklick wie im WWW. Ein großer Vorteil ist, dass man auch andere Applikationen, z. B. FTP, von Gopher aus starten kann – ein Klick auf den Titel des Dokuments bringt dessen Inhalt auf den Bildschirm. Ein spezieller Index namens Veronica („very easy rodent-oriented net-wide index to computerized archives") durchsucht die Titel aller ihm bekannten Dokumente. Das ist auch notwendig, denn Gopher zeigt nicht den Text selbst, den muss man erst öffnen oder herunterladen. Da dieser Dienst zudem längst nicht so

schnell ist wie das WWW, gehen Angebot und Nachfrage zurück; eine große Zukunft hat Gopher wohl nicht mehr.
Am einfachsten erreicht man Gopher über *www.ub2.lu.se/navämenu.html.*

Internet Relay Chat (IRC)
„Chatten" ist die Unterhaltung zweier oder mehrerer Teilnehmer via Internet, wobei natürlich nach heutigem Standard die Tastatur zur Eingabe genutzt werden muss. Im „Chatroom" trifft man sich unter Pseudonym und findet Gesprächspartner auf der ganzen Welt. Dabei werden die eigenen Eingaben sofort auf den Monitoren der übrigen Teilnehmer dargestellt, es lesen also alle mit. Neben dem Chat via Browser gibt es mit IRC einen speziellen Dienst dafür; ICQ ist die Variante, bei der zwei Teilnehmer unter sich bleiben. Für die beiden letzteren benötigt man spezielle Software (kostenfrei ist ICQ zu erhalten bei *www.icq.com*). Die meisten Chatrooms sind leider enttäuschend; gibt sich jemand als Frau aus (oder zu erkennen), entgleisen die Gespräche oft sehr rasch. Akademische Chats sind noch selten, doch könnte man auf diesem Weg sogar ganze Seminare online abhalten.
Einen Überblick über deutschsprachige Chatrooms findet man unter *www.webchat.de.*

Telnet
Schließlich ist noch Telnet zu nennen, ein Dienst, mit dem man speziell dafür eingerichtete fremde Rechner quasi fernbedienen kann. Damit können z. B. Techniker von ihrem Schreibtisch aus Heizungssysteme und Windkraftanlagen steuern oder Informatiker mit dem Großrechner operieren – Anwendungen, die für private Nutzer wohl weniger wichtig sind. Zudem wird auch Telnet zunehmend vom WWW verdrängt.

Wie finde ich Informationen im Internet?

Ist man endlich im Internet, hat man Zugang zu einer schönen neuen Welt: Informationen in Hülle und Fülle, blitzschneller Zugriff auf Daten in aller Herren Länder, ungeahnte Arbeits- und Recherchemöglichkeiten vom häuslichen Schreibtisch aus. So sollte es eigentlich sein. Die unbegrenzten Freiheiten des Internets haben aber auch ihre Schattenseiten: Da es keine Hierarchie und kein System gibt, kann jeder eine Seite nach eigenem Gutdünken zusammenschustern und sie unter einem fast beliebigen Titel ins Netz stellen. Folglich nützt es meist nichts, einfach einen Namen im Browser einzutippen, „www." davor und „.de" dahinterzusetzen und zu hoffen, dass man schon an der richtigen Stelle herauskommen wird. Adressverzeichnisse sind angesichts der unvorstellbaren Menge sinnlos.

Wie entsteht eine Internetadresse?

Um die vielen im Internet vorhandenen Server, Einzelrechner und Seiten überhaupt ansprechen zu können, führt jeder eine unverwechselbare Adresse, den Uniform Resource Locator (URL), den man im Browser in der dafür vorgesehenen Zeile eingeben muss.

Eine typische Adresse besteht aus mehreren Teilen:

- Vorangestellt wird zunächst der Dienst, also *http://* für das World Wide Web, *ftp://* oder *gopher://*, meist abgeschlossen durch einen Doppelpunkt und zwei Schrägstriche (die Ausnahmen stehen in der Tabelle).
- Dahinter folgt der Rechnername, der aus einem oder mehreren Teilen bestehen kann, wenn mehrere Rechner (Hosts) unter einer „Domain“ zusammengefasst sind. Getrennt werden die Teile durch Punkte, Bindestriche oder Unterstriche (Großschreib- oder Umschalttaste [Shift] und Bindestrich).
- Schließlich folgt meist eine durch einen Punkt abgetrennte Endung, mit der sich Funktion oder Standort des Servers erkennen lassen. Man nennt sie Top Level Domain, da sie die oberste Ebene der Internet-Hierarchie bezeichnen.

http://www.ph-freiburg.de

spricht also über das World Wide Web den Rechner der Pädagogischen Hochschule Freiburg an, welcher in Deutschland registriert ist.

Wichtige Top Level Domains

Praktisch ausschließlich in den USA gebräuchlich sind:

.com	commercial entities	kommerzielle Anbieter
.edu	educational institutions	Bildungseinrichtungen, u. a. die Universitäten
.org	organisations	meist nicht-kommerzielle sonstige Organisationen
.net	network	Netzwerkbetreiber
.gov	government office/agency	Regierungseinrichtungen
.mil	US military	ausschließlich US-Militär
.aero		neu: Tourismus und Luftfahrt
.biz	business	neu: Unternehmen
.coop	cooperative	neu: Genossenschaften
.info		neu: allgemeine Information
.museum		neu: Museen
.name		neu: Privatpersonen
.pro	professional	neu: Berufsgruppen wie Ärzte/Rechtsanwälte

Wichtige Länderkennungen im www

.ad	Andorra
.ar	Argentinien
.at	Österreich
.au	Australien
.be	Belgien
.bg	Bulgarien
.br	Brasilien
.ca	Kanada
.ch	Schweiz
.cl	Chile
.cn	China
.cy	Zypern
.de	Deutschland
.dk	Dänemark
.ec	Ecuador
.es	Spanien
.fi	Finnland
.fr	Frankreich
.gh	Ghana
.gl	Grönland
.gr	Griechenland
.hk	Hongkong
.hr	Kroatien
.hu	Ungarn
.uk	Großbritann.
.ie	Irland
.il	Israel
.in	Indien
.ir	Iran
.it	Italien
.jp	Japan
.li	Liechtenstein
.lu	Luxemburg
.mx	Mexiko
.my	Malaysia
.ni	Nicaragua
.nl	Niederlande
.no	Norwegen

Nun kann sich nicht jeder nach Gutdünken eine Adresse ausdenken – sie muss diesen formalen Kriterien genügen und darf noch nicht im Netz vorhanden sein. Die gewünschte „Domain" muss folglich bei der Icann (Internet Corporation for Assigned Names and Numbers, einer vom US-Handelsministerium abhängigen, in den USA ansässigen Organisation) oder einer ihrer nationalen Töchter beantragt werden. Die Icann vergibt die Namen mit den begehrten *.com, .net* und *.org*-Namen, die aus einer Arbeitsgruppe an der Uni Karlsruhe entstandene Denic ist als nationale Vertretung für *.de* zuständig. Erst im November 2000 hat die Icann nach langen Verhandlungen sieben neue Endungen eingeführt und angekündigt, deren Zahl noch weiter zu vergrößern. Die Schaffung einer neuen Top Level Domain wird zwangsläufig zahlreiche Adressenänderungen zur Folge haben; so werden die in diesem Buch aufgeführten Museen wohl statt *„www.louvre.fr"* künftig *„www.louvre.museum"* oder ähnlich heißen.

Allerdings ist man nicht daran gebunden; statt seine Domain z. B. in dem Land registrieren zu lassen, in dem der Server steht, kann man kann sich ebenso an Uganda (*.ug*) oder Trinidad und Tobago (*.tt*) wenden, wobei solche Adressen nicht das gleiche Prestige besitzen. Tuvalu wirbt zur Zeit mit seiner Endung *.tv*, mit der man sich vielleicht wie ein Fernsehstar fühlen soll. Ist der Name bereits besetzt, muss man einen anderen wählen. Das hat zu merkwürdigen Auswüchsen geführt: „Cybersquatter" kaufen einfach Adressen auf Vorrat, um sie dann teuer wieder abzugeben. Da viele Firmen und Personen erst zu spät auf die Bedeutung des Web aufmerksam wurden, fanden sie die naheliegenden Namen bereits vergeben. Besonders peinlich war, dass sogar Bill Gates die Räumung des Domainnamens *„www.microsoft.org"* gerichtlich erzwingen musste, nachdem ein solcher Cybersquatter schneller reagiert hatte und auf das große Geld durch einen Verkauf hoffte. Großes Aufsehen erregte der Streit um *„etoy.com"*, der zwischen einer Spielzeugfirma und einer Künstlergruppe geführt wurde, als „toy-war" hohen Unterhaltungswert besaß und mit großen Börsenverlusten des Konzerns endete, der darauf seine Klage zurückzog. Wie verworren die

.nz	Neuseeland
.pe	Peru
.ph	Philippinen
.pk	Pakistan
.pl	Polen
.pt	Portugal
.py	Paraguay
.ru	Russland
.se	Schweden
.th	Thailand
.tr	Türkei
.tw	Taiwan
.ua	Ukraine
.ug	Uganda
.us	USA
.uy	Uruguay
.zy	Zypern
.za	Südafrika

Geschäfte mit den Namen ablaufen, zeigt auch das Beispiel von „*www.madonna.com*“: zuerst eine Pornoseite, dann von einem Händler für 20.000 Dollar an einen Privatmann verkauft, welcher die Domain einem katholischen Krankenhaus überlassen wollte, inzwischen aber von der Sängerin Madonna zur Abtretung gezwungen wurde, da ihr Name urheberrechtlich geschützt sei. Inzwischen kann man vier von der Icann autorisierte Schiedsgerichte im Netz anrufen, die über die Räumung einer missbräuchlich registrierten Domain entscheiden: die UN-Organisation zum Schutz von Urheberrecht und geistigem Eigentum (Wipo) in Genf, das National Arbitration Forum in Minneapolis, das CPR Institute for Dispute Resolution und die kanadische e-resolution/Disputes.org; doch wirft man diesen, allenfalls abgesehen von der kanadischen Schiedsstelle, besondere Sympathien für die „Reichen und Mächtigen“ vor, die deshalb auch meist bei zufälliger Namensgleichheit die Domainnamen von Privatleuten zugesprochen bekommen. Daraus können besorgniserregende Einflussmöglichkeiten entstehen: so wurde die gegen die Arbeitsbedingungen in der US-Supermarktkette WalMart agitierende Seite „*www.walmartsucks.com*“ als unrechtmäßiger Missbrauch des geschützten Namens betrachtet und so dieser unliebsamen Kritik der Mund verboten. Cybersquatter haben auch als Erste die Chancen erkannt, die in Schreibfehlern liegen: gibt man auf der Suche nach dem Nissan-Konzern versehentlich „*www.nis-san.com*“ ein, wird man zu einem Autohändler geleitet, der aber Konkurrenzprodukte anbietet. Inzwischen gehen Konzerne dazu über, auch ähnlich geschriebene oder klingende Namen gleich mit zu besetzen, damit nicht durch einen Buchstabendreher beim Eintippen ein möglicher Kunde verloren geht.

Kataloge und Suchmaschinen

Die Unübersichtlichkeit des WWW hat eine neue Freizeitbeschäftigung hervorgebracht: das Surfen. Gemeint ist das ziellose Umherschweifen: Auf fast jeder Seite gibt es weiterführende Links, die den Benutzer zu einer anderen Seite führen, unabhängig davon, ob sie sich auf einem Server in der Nachbarschaft oder in Australien befindet. Dort klickt man dann einen Link zu einer Webseite in Skandinavien an, springt in die USA und immer so weiter. Vergleichen lässt sich dies mit dem Schmökern in einem Lexikon: Auf der Suche nach einem Stichwort fallen beim Blättern so viele interessante Dinge auf, die mit dem gesuchten Thema zwar nichts zu tun haben, aber einfach neugierig machen und vom Hundertsten ins Tausendste führen. Einige Suchdienste bieten sogar eine „Random“-Funktion an, die den Benutzer zu einer zufällig ausgewählten Seite führt. „Hotlists“ verzeichnen die Zahl der Zugriffe durch

andere WWW-Reisende und zeigen in Ranglisten, welche Seiten bei den anderen besonders gefragt sind. Das macht Spaß, kein Zweifel, aber es bringt vom eigentlichen Ziel ab.
Um zu den gesuchten informationsträchtigen Seiten zu kommen, gibt es letztlich drei Wege.

URL
Der sicherste besteht darin, eine bereits bekannte Adresse (URL) einzugeben, wie sie im Linkverzeichnis dieser Broschüre abgedruckt sind. Das muss absolut buchstabengetreu geschehen, wobei „Null" und der Buchstabe „O" oder in manchen Schriftarten die Zahl „eins" und das kleine „L" für Probleme sorgen können. Zeichen, die sich nicht auf einer deutschen Schreibmaschinentastatur finden, lassen sich mit Hilfe der „AltGr"-Taste erzeugen: Der für E-Mails nötige „Klammeraffe" @ ist „AltGr Q", die Tilde ~ ist „AltGr +".
Kennt man die genaue Adresse, steuert der Browser direkt die gewünschte Seite an und baut sie auf dem Bildschirm auf. Allerdings gibt es einen Haken: Links veralten relativ rasch. Gerade die von Privatpersonen betreuten Seiten können aus Zeit- und Interessemangel wieder vom Netz genommen werden und sind damit verloren. Wechselt der Anbieter den Server, auf dem er seine Seiten abgelegt hat, ändert sich auch die Adresse. Glücklicherweise bleibt auf dem alten Server meist ein Hinweis zurück, der die Verbindung doch sicherstellt. Bei Institutionen ist dies weniger wahrscheinlich; Universitäten und Forschungseinrichtungen werden sicherlich dauerhaft am Netz sein und ihre Adresse nicht ändern. Allerdings hat dies die Pädagogische Hochschule Freiburg gerade getan: Seit der Anschaffung eines eigenen Servers firmiert sie nicht mehr als Anhängsel des Freiburger Universitätsrechenzentrums, sondern hat nun eine eigene Adresse. Die renommierte Fachzeitschrift „Forum Archaeologie" ist von *http://allergy.hno.akh-wien.ac.at/forum* (der Adresse der Hals-Nasen-Ohren-Abteilung der Wiener Uniklinik) zu *http:/mailbox.univie.ac.at/elisabeth.trinkl/forum/* umgezogen. Änderungen der Adresse können auch Folge von Umbauten der Seitenstruktur sein: Die gewünschte Seite liegt zwar noch auf dem Server, aber in einer anderen Unterabteilung.
Erweist sich ein Link als „blind" oder „tot", gibt es in diesem Fall noch ein Hilfsmittel: statt

http://www.phil.uni-erlangen.de/~p2latein/ressourc/deutsch.html

(dieser Link funktioniert natürlich) kann man es mit

http://www.phil.uni-erlangen.de/~p2latein/ressourc

versuchen, und wenn dies auch nichts nützt, lässt man einfach den nächsten Bestandteil fort in der Hoffnung, irgendwann auf ein Verzeichnis zu stoßen, in dem die gesuchte Seite aufgeführt ist. Fruchtet alles nichts, schaut man unter

http://www.uni-erlangen.de

nach und hangelt sich von dort durch die Institutionen der Universität weiter.
Sicher wird man oft nicht die Top Level Domain ansteuern wollen, sondern gleich

auf eine bestimmte Einzelseite springen. Dann verlängert sich die Adresse um die genaue Bezeichnung dieser Seite. Das können mehrere durch Schrägstriche getrennte Begriffe sein. Dabei darf man keinen Fehler machen; jedes Zeichen muss genau wiedergegeben werden. Andernfalls reagiert der Browser mit einer Fehlermeldung, oder der Server leitet die Anfrage einfach um. Inzwischen sind die Browser aber auch intelligenter geworden, merken sich einmal eingegebene Adressen und vervollständigen sie (mit Einschränkungen) selbsttätig. Dann kann man sich auch das immer wiederkehrende *„http://www.“* sparen und direkt *„ph-freiburg.de“* eingeben.
Damit man nicht jedes Mal einen Bandwurm-URL eingeben muss, wenn man eine bestimmte Seite häufiger aufruft, kann man eine einmal besuchte Adresse im Browser speichern (unter „Lesezeichen“ oder „Favoriten“, im Jargon heißen diese Eintragungen „bookmarks“). Macht man dies regelmäßig und sortiert die Adressen sinnvoll (das funktioniert auch offline, ähnlich dem Windows-Explorer), erhält man mit der Zeit einen eigenen Internetkatalog, der auf die individuellen Bedürfnisse abgestimmt ist. Computer können mit den für uns so eingängigen URLs eigentlich überhaupt nichts anfangen; sie fragen bei einem speziellen Namensserver (DNS) an und lassen sie sich in eine Zahlenfolge übersetzen, die IP-Adresse, die übrigens auch jedem PC zugewiesen wird, der sich ins Internet einwählt. Diese IP-Adresse erlaubt deshalb auch die nachträgliche Identifizierung eines Einzelrechners: Wenn jemand irgendwo auf der Welt einen Virus ins Netz einschleust, kann man seine Spuren bis zu seinem PC verfolgen.
Noch einige Hinweise zur Browser-Nutzung: Manchmal ist von dem rasend schnellen Informationshighway nicht viel zu spüren. Geht der Aufbau einer Seite gar zu langsam vor sich oder tut sich überhaupt nichts, kann man die Übertragung mit „Stop“ (Netscape Navigator) oder „Übertragung abbrechen“ (Microsoft Explorer) beenden. Stockt der Aufbau oder ändert sich das Bild nicht, obwohl man beispielsweise eine in rascher Folge neue Bilder sendende Webcam aufgerufen hat, kann man mit der „F5“-Taste einen neuen Versuch beginnen. Wichtig sind auch die „Vor“- und „Zurück“-Pfeile, mit denen man eine früher geladene Seite nochmals auf den Schirm bringen kann, wenn es einmal keinen entsprechenden Link dafür gibt.
Sollte trotz richtiger URL die Seite nicht aufzurufen sein, kann es am gewünschten Server liegen, der möglicherweise wegen Überlastung weitere Anfragen abweist oder gerade abgeschaltet ist.

Kataloge

Als eleganter und eigentlich Internet-gemäßer gelten die beiden andern Möglichkeiten zum Ansteuern einer Seite. Findige Leute haben schon sehr früh erkannt, dass die Unübersichtlichkeit des WWW nach Hilfsmitteln verlangt. Der erste Typ dieser Helfer sind die Kataloge. Wie in Bibliotheken üblich, arbeiten sie mit Schlagwörtern. Ein Heer von (hoffentlich) fachlich versierten Redakteuren sucht systematisch im ganzen Internet nach Seiten, die sie in die jeweiligen Rubriken des Katalogs aufnehmen. Das bekannteste Beispiel dafür ist Yahoo (*http://de.yahoo.com*), das

bei einem Test in der Computerzeitschrift CHIP (CHIP 2000, 10, S. 136–147) als „immer noch der beste Katalog“ abgeschnitten hat.
Auf diese Weise kann man sich einem Thema leicht annähern. Das Internet ist nun aber nicht in erster Linie für Historiker gedacht; folglich findet man sehr viel mehr Links zu aktuellen und „Lifestyle“-Themen als beispielsweise zur deutschen Geschichte des 19. Jahrhunderts. Neben Yahoo haben sich noch einige andere Kataloge etabliert, von denen vor allem Web.de (*http://www.web.de*) zu nennen wäre. Unter „ferner liefen“ könnte man noch Bellnet.de (*http://www.bellnet.de*) oder Dino Online (*http://www.dino-online.de*) erwähnen, bei denen die Qualität der Katalogstruktur aber deutlich abfällt. Inzwischen werden diese Kataloge zu großen Portalen umgewandelt; die Sammlung von Adressen stellt nur noch einen Teilaspekt dar.
Insgesamt bieten Kataloge eine begrenzte Zahl von klar definierten Wissensgebieten mit geprüften, funktionsfähigen und in der Regel nützlichen Links, die aber manchmal recht gut versteckt sind.

Suchmaschinen
Kommt man mit einem solchen Katalog nicht weiter, da der gesuchte Bereich nicht lemmatisiert ist, benötigt man eine „Suchmaschine“ (Search engine).
Die beste Suchmaschine im genannten CHIP-Test heißt Google (*http:www//google.de*), wurde an der Stanford-University entwickelt und hat angeblich über eine Milliarde Seiten indiziert. Auch die Suche bei Yahoo leitet automatisch zu dieser Suchmaschine um. Interessant sind des Weiteren das gute alte Altavista, inzwischen auch um einen Katalog ergänzt und auf reinen Textmodus umschaltbar, vielleicht noch Fireball und Lycos. Viele Webringe und Netze verfügen zudem über eigene lokale Suchmaschinen, mit denen sich Informationen in dem jeweiligen Netz finden lassen. Sie sind hochspezialisiert, greifen aber nicht oder kaum über die Grenzen der eigenen Seiten aus. Kataloge wie Yahoo oder Web.de enthalten Listen mit solchen Spezialsuchmaschinen zu den unterschiedlichsten Themen – Web.de nennt allein 266 deutschsprachige Spezialverzeichnisse.
Suchmaschinen bieten dem Anwender eine Eingabezeile, in die man den gewünschten Begriff eintippt. Fehler darf man dabei nicht machen; einen „Bismark“ wird man sicher im Netz finden, aber eben nicht den Reichskanzler. Die Resultate werden in Listen von etwa 20 Links pro Seite aufgeführt, die man direkt anklicken kann. Einige Suchmaschinen nennen dazu die Stichwörter des Seitenindex, andere die ersten Textzeilen, wieder andere die Textstelle, in welcher der Begriff vorkommt. Ist nichts Brauchbares dabei, blättert man zur nächsten Seite weiter.
Bei der Suche nach einem Begriff erlebt man leicht den Informations-Overkill: Die Eingabe von „Stadtgeschichte“ bringt bei Altavista, welches jedes auf der Webseite vorkommende Wort indiziert, über 3000 Fundstellen. In der Zeit, in der man diese abarbeitet, kann man leicht in die nächste Bibliothek fahren und sich dort kundig machen. Suchmaschinen sortieren deshalb ihre Resultate nach der Häufigkeit und der Plazierung dieser Stichworte auf der jeweiligen Seite – ein Verfahren, dass bei

Kataloge und Suchmaschinen

Yahoo Deutschland *www.yahoo.de*
einer der führenden Webkataloge, sehr detailliert und zuverlässig, leitet Suchanfragen an Google weiter

Web.de *www.web.de*
steht Yahoo kaum nach, ist aber anders strukturiert

Bellnet *www.bellnet.de*
besitzt einen der umfangreichsten Indizes!

Google *www.google.de*
hervorragende Suchergebnisse, spartanische Oberfläche

Fireball *www.fireball.de*
eigenwillig, aber effektiv

Altavista *www.altavista.de*
bietet auch reine Textseiten und beschleunigt so den Seitenaufbau

Infoseek *www.infoseek.de*
Suche nach Themen möglich

Lycos *www.lycos.de*
zeigt auch die Basisadresse der gesuchten Webseite an

Excite *www.excite.de*
nützlich vor allem die erweiterte „Powersuche"

Metacrawler *www.metacrawler.de*
Metasuchmaschine, die gleichzeitig mehrere Suchmaschinen abfragt

vielen Anfragen sinnvoll sein mag, bei ganz speziellen Dingen aber rasch an seine Grenzen stößt. Es ist also nötig, die Suche einzugrenzen.
Obwohl jede Suchmaschine bei der Vorgehensweise ihre Eigenarten hat – welche meist unter einem eigenen Link erläutert werden – gibt es einige Gemeinsamkeiten. So werden bei der Eingabe Boolesche Operatoren verwendet, wobei die Voreinstellung üblicherweise Begriffe mit „ODER" verbindet. Gibt man also

Otto von Bismarck

ein, findet die Suchmaschine alle Seiten, auf denen „Bismarck" vorkommt, aber auch alle, auf denen ein „Otto" oder ein „von" genannt sind, also auch Otto den Großen und Richard von Weizsäcker. Einige Suchmaschinen lehnen den Begriff „von" als zu allgemein ab, da er auf Millionen von Seiten vorkommen kann. Eine Verbesserung der Suchergebnisse ist mit

Otto UND Bismarck (oder: *Otto +Bismarck,* manchmal: *+Otto +Bismarck)*

zu erwarten: nun werden alle Seiten aufgeführt, die beide Begriffe enthalten. Aber auch hier können andere Bismarcks und andere Ottos gemeint sein; besonders Bibliothekskataloge und Bibliographien wimmeln von solchen Namen. Versucht man es mit der „Phrase"

„Otto von Bismarck"

(die Anführungszeichen machen den Unterschied!), muss der Name in genau dieser Form auf der Seite vorkommen. Allerdings werden alle „Bismarck, Otto von" oder „Otto v. Bismarck" dabei ignoriert. Trotzdem ist dies die wohl ergiebigste Methode, nach einer Person zu suchen. Komplexere Eingaben bringen meist wenig Nutzen: Mehr als vier Wörter schaffen die meisten Suchmaschinen nicht. Trotzdem ist es sinnvoll, mit mehreren „UND"-Begriffen zu beginnen und bei Misserfolg die speziellsten Begriffe wegzulassen oder zu ersetzen. Ein Beispiel:

„Otto von Bismarck" +Reichskanzler +Friedrichsruh

Meist empfiehlt sich Kleinschreibung, da viele Suchmaschinen dies als die allgemeinere Form auffassen und dann auch großgeschriebene Begriffe auflisten. Gibt man jedoch Großbuchstaben in der Suchmaske ein, wird nur nach genau dieser Schreibweise gesucht. Zu beachten ist auch die Tatsache, dass Englisch die wichtigste Sprache im Internet ist. Sucht man nach „Gladiatoren", findet man nur deutschsprachige Seiten, „gladiators" wird eher englischsprachige auflisten. Gibt man „gladiator" ein, werden beide berücksichtigt, dazu noch alle Seiten, die diese Zeichenfolge in anderen Zusammensetzungen aufweisen.

Da die Suchmaschinen ganz unterschiedliche Datenbestände aufweisen, muss man eigentlich in mehreren recherchieren, um ganz sicher zu gehen. Dabei können Meta-Suchmaschinen eine Hilfe sein: Metacrawler zum Beispiel fragt mehrere Suchmaschinen nach dem Begriff ab, ordnet die Ergebnisse, entfernt Dubletten und listet den Ertrag auf. Oft erreicht man so am schnellsten das Ziel, doch kann man so nicht auf die besonderen Möglichkeiten der einzelnen Suchmaschinen zugreifen.

Trotz allem muss man bei der Suche mit einer großen Zahl an unbrauchbaren Links rechnen, was an der Vorgehensweise von Katalogen und Suchmaschinen bei der Indizierung von Seiten liegt. Nicht immer sind es wie bei Yahoo Redakteure, welche die Seiten vor der Aufnahme ansehen und auf ihren Gehalt hin prüfen. Meist übernehmen eigens entwickelte Programme, so genannte Crawler, Spider oder Robots diese Aufgabe; sie suchen zusätzlich zu den von den Webmastern angemeldeten Seiten selbstständig weitere und nehmen diese ins Verzeichnis auf. Damit Software dies überhaupt leisten kann, befindet sich auf jeder Webseite ein für den Benutzer unsichtbares Stichwortverzeichnis, welches der Crawler benutzt, um die Seite einzuordnen. Eine Kontrolle findet nicht statt. Deshalb indizieren diese Crawler auch nur

Die wichtigsten Suchverknüpfungen

und	and	+, &	beide Begriffe müssen im Dokument vorkommen
oder	or		meist Voreinstellung, einer der beiden Begriffe muss vorkommen
nicht	not	–	der Begriff darf nicht vorkommen
	near	~	zwischen den Begriffen darf höchstens eine festgelegte Zahl von Wörtern stehen
		„“	der Begriff muss exakt in dieser Schreibweise vorkommen

diejenigen Stichwörter, die der Ersteller der Webseite eingegeben hat. Also ist es möglich, dass der gesuchte Begriff, der nur im Text der Webseite, nicht aber im „Head“ vorkommt, von der Suchmaschine nicht gefunden wird. Zudem mißssbrauchen manche Anbieter dieses Verfahren und setzen Begriffe in den „Head“, die ohne Zusammenhang mit dem Inhalt der Seite sind und lediglich Benutzer anlocken sollen. In der „Porno-Branche“ wird häufig so gearbeitet, weshalb man auch bei der Suche nach ganz unverfänglichen Begriffen in manchen Suchmaschinen Dutzende von Schmuddelseiten angezeigt bekommt. Schließlich existiert für manche abseitigen Gebiete auch ein Tarnjargon: Sucht man ganz naiv nach Informationen zu den an US-amerikanischen Schulen so populären „Cheerleader“-Gruppen, offenbaren die Suchmaschinen, dass es sich dabei um ein Kennwort für Pädophile handeln kann.
Am Ende stoßen aber alle drei Verfahren an ihre Grenzen: Mehr als zwei Drittel aller Webseiten werden von Katalogen und Suchmaschinen noch gar nicht erfasst.
Die auf dem Bildschirm sichtbare Webseite ist übrigens gar nicht so flüchtig, wie es den Anschein haben mag: im „Temporary Internet Files“-Verzeichnis des Windows-Ordners (über den Explorer leicht zu finden; bei Windows 2000 über „Dokumente und Einstellungen“) werden die kompletten Seiten gespeichert, sodass man sie auch offline lesen kann. Die zugehörigen Abbildungen lassen sich über einen

Bildbetrachter wie das Shareware-Programm ACDSee (*www.acdsystems.com*) ansehen und exportieren. Will man die Materialien tatsächlich weiterverarbeiten, ist es meist praktischer, sie direkt über die „Speichern"-Funktion des Browsers in einem bestimmten Verzeichnis abzulegen, damit man sie leichter wiederfindet. Online-Dienste und Provider leiten den Benutzer zunächst immer auf ihre eigene Homepage. Oft sind diese sehr aufwendig gestaltet, zeigen aktuelle Nachrichten und Börsenkurse, bieten eine direkte Anbindung an eine Suchmaschine oder einen eigenen Katalog oder informieren über technische Neuerungen für den Betrieb. Deshalb sind auch die Ladezeiten meist ziemlich lang. Die vorgegebene Startseite lässt sich leicht ändern: im Microsoft Explorer geschieht dies unter „Extras – Internetoptionen"; im Netscape Navigator unter „Bearbeiten – Einstellungen". Dort braucht man nur den URL der gewünschten Startseite einzutragen.

Nun dürfte einem ersten Versuch zur Nutzung des Internet nichts mehr im Wege stehen: Auf der nächsten Seite beginnt das Adressenverzeichnis. Vielleicht schauen Sie sich einfach einmal einige der mit drei Sternen (***) gekennzeichneten Webseiten an, um einen Eindruck von den Möglichkeiten des WWW zu erhalten. Lehnen Sie sich zurück, machen Sie es sich bequem … wir starten!

Adressenverzeichnis

Hilfsmittel

Portale

Im kommerziellen Bereich hat man schon lange die Vorteile erkannt, die eine dauernde Bindung eines Internetnutzers an eine bestimmte Startseite mit sich bringt: Man kann Werbung gezielt platzieren und den Kunden mit genau den Informationen versorgen, die man für relevant hält. Andererseits wird der Anwender einer Startseite nur treu bleiben, wenn sie seinen Bedürfnissen auch wirklich entspricht. Deshalb haben die Provider ihre Angebote deutlich erweitert und bieten von der ersten Seite aus Zugriff auf alle möglichen Internetdienste, auf Online-banking, Nachrichtenticker, Auktionen und was das Herz sonst noch begehrt. Solche Seiten nennt man Portale, weil sie den Eintritt in die schöne neue Welt des Internets ermöglichen. Daneben haben sich aber auch viele spezialisierte Eingangspforten etabliert, die beispielsweise alle Angebote im Bereich Geschichte abdecken wollen. Dabei haben sie zwar unterschiedliche Schwerpunkte, bieten sich aber sämtlich als Startseiten an. Hier eine Auswahl von wichtigen Adressen, die gleich zu vielen verschiedenen Themen weiterhelfen.

---

*
*
*

U

Virtual Library Geschichte

http://www.phil.uni-erlangen.de/~p1ges/vl-dtld.html

Portal mit den Sektionen Ur- und Frühgeschichte, Klassische Archäologie, Alte Geschichte, Mittelalter, Frühe Neuzeit, 19. Jahrhundert, 20. Jahrhundert, „Drittes Reich"/Zweiter Weltkrieg, Hilfswissenschaften, Landesgeschichte, Osteuropäische Geschichte, Amerika, Wirtschafts- und Sozialgeschichte u.a.m.

V: Uni Erlangen
L: Unmengen sinnvoller Links!
S: meist deutsch

Zentrales Portal, die Einstiegsseite schlechthin! Bemerkenswert auch die Sektion „Geschichte und Computer" einschließlich eines Verzeichnisses von CD-ROMs.

Selected Internet Resources Covering all Academic Subjects Areas

http://bubl.ac.uk/link/index.html

Links zu wirklich allen Themen!

V: Andersonian Library, Strathclyde University
S: überwiegend englisch

Ungemein umfangreich, sauber gegliedert und übersichtlich, sehr guter Einstieg.

* * U

Fachinformation Geschichte

http://kant.stepnet.de/faecher/gesch.htm

Schön gemachtes Portal mit interessanten Links.

V: Kant-Gymnasium Weil am Rhein
L: umfangreiche Linkliste
S: deutsch

Der Beweis, dass auch Schulen zu aufwendigen und nützlichen Webseiten fähig sind, die nicht nur Selbstdarstellung beinhalten.

Geschi.de

http://www.geschi.de/

Sehr umfangreicher Webkatalog, geordnet nach Epochen, Regionen, Persönlichkeiten, Institutionen usw., einschließlich Begriffslexikon, Weltchronik und Referaten.

V: Marcel Krug, Friedemann Lindenthal
L: Linkliste
T: Suchmaschine, Newsletter-Abonnement, auch Werbung
S: deutsch

Leider völlig unkritisch, es wird jeder Müll aufgenommen und ziemlich distanzlos kommentiert. Enthalten sind jede Menge Kuriositäten, dazu Hinweise auf TV-Sendungen mit historischer Thematik, aber auch viele wertvolle Links.

* !

** U

Virtual Library

http://history.cc.ukans.edu/history/VL/index.html

Portal, von dem man zu den speziellen Virtual Library-Seiten weitergeleitet wird.

V: *Virtual Library; Lynn H. Nelson, Uni Kansas*
L: *mehr als 3000*
T: *gut durch Gesamtindex erschlossen*
S: *englisch*

Wichtiges Portal mit internationaler Bedeutung, das auch zu sehr speziellen Gebieten weiterführt – sei es die Geschichte Bhutans oder der Malediven –, aber natürlich auch zu Methoden, Hilfsmitteln etc. Stark auf Seiten in den USA bezogen.

Geschichte im Internet

http://www.hbg.ka.bw.schule.de/projgesch

Linksammlung, gutes Portal! Für eine Schule gar nicht schlecht!

V: *Heisenberg-Gymnasium Karlsruhe*
Q: *Über Links zu meist unterrichtsrelevanten Quellentexten (Wannseeprotokoll, Texte zum Reichstagsbrand etc.)*
S: *deutsch*

Interessant! Ein „Schulen ans Netz"-Projekt.

** U

Geschichte im Internet

http://www-geschichte.fb15.uni-dortmund.de/links/links.htm

„Der große Linkkatalog zur Geschichtswissenschaft" – dem ist nichts hinzuzufügen.

V: *Uni Dortmund*
L: *siehe oben*
S: *deutsch*

Eine riesige Fülle von Links, geordnet und (knapp) kommentiert. Leider nicht optimal systematisiert; eine Suchfunktion fehlt.

Geschichtsring Deutschland

*
!

http://www.student.uni-augsburg.de/~kalusm/gring

Webring deutscher Geschichtsseiten, sehr vielseitig – zurzeit sind 167 Webseiten verzeichnet.

V: Max Kalus, Uni Augsburg
L: Verknüpfung von Seiten mit (im weitesten Sinne) historischer Thematik, Zugriff über Linkliste oder Suchmaschine
T: einfach und übersichtlich
S: deutsch, teilweise englisch

Bunt gemischtes Angebot kommerzieller und nichtkommerzieller Seiten mit vielen interessanten Links, – leider ohne Qualitätskontrolle, deshalb ziemlich durchwachsen. Wichtiges steht neben ausgesprochen Peripherem, darunter auch eher rechtslastigen Seiten. Enthalten sind auch Unterrichtshilfen!

Erlanger Historikerseite

*
*
U

http://www.erlangerhistorikerseite.de

Wichtiges Portal, führt zu vielen bedeutenden Seiten (nicht nur der vorbildlichen Erlanger Historiker unter Federführung von Stuart Jenks).

V: Uni Erlangen
Q: Links zu Quellensammlungen
P: Links zu Bildsammlungen (über die Schaltfläche „Für Lehrer")
B: hervorragende Verbindung zu Bibliotheken und Katalogen in aller Welt
L: besonders nützlich die Links zur Geschichtsdidaktik!
S: deutsch

Gute Einstiegsseite!

*
*

Nachrichtendienst für Historiker

http://www.historiker.de

Sehr umfangreiche Linkliste, gutes Portal, gute Verbindungen zu den Geschichtsringen.

V: Tobias Crispin Berg
S: deutsch, englisch, französisch

Sehr schön, wichtige Einstiegsseite!

*
*
*
U

H-Net humanities und social sciences online

http://www.h-net.msu.edu

Wichtige Mailing-Liste nicht nur zu historischen Themen. Die Beiträge werden per E-Mail eingereicht und an die Abonnenten weitergeleitet.

V: Michigan State University
L: zu zahlreichen Diskussionsforen, gegliedert nach Ländern, Epochen oder Themengebieten
T: übersichtlich, relativ einfach zu bedienen
S: überwiegend englisch

Zentral! Besonders die Liste „H-Review“ mit ihren Rezensionen ist unschätzbar. Zwar liegt der Schwerpunkt immer noch auf der US-Geschichte, doch ziehen andere Themen zunehmend nach.

- *Deutsches Pendant ist H-Soz-u-Kult*

**
U

H-Soz-u-Kult

http://hsozkult.geschichte.hu-berlin.de

Mailing-Liste des H-Net mit Rezensionen, Zeitschriften-Inhaltsverzeichnissen, z.T. mit Abstracts der Beiträge, mit Terminen, Stipendien usw.

V: *Humboldt-Universität Berlin*
L: *umfangreich und sauber gegliedert, dabei auch zahlreiche Hinweise von Nutzern*
T: *schnörkellos; gute Navigation über Frames*
S: *deutsch*

Wichtiger Einstieg in die Datenbestände des Internets! Besonders nützlich: Aufsätze und Vorträge im Volltext (darunter auch die Highlights vom Historikertag), und natürlich die Mailing-Liste, für die aber eine Anmeldung erforderlich ist.

*
K

Handbuch Internet-Recherche

http://www.werle.com/intagent

Sehr umfangreiche Infos zum Thema Internet-Recherche.

V: *Werle Software*
L: *sehr viele gute Links zur Recherche-Unterstützung*
T: *unschöne Farben, aber übersichtlich und benutzerfreundlich*
S: *deutsch*

Kommerziell, aber sehr umfassend, lohnt sich für Einsteiger.

Bibliotheken und Bibliographien

Eigentlich sollte man hier die Stärke des Internets schlechthin vermuten: Zugriff auf Bibliotheken in aller Welt, Recherche in den Katalogen, Bestellung online und vor allem die Möglichkeit, bereits digitalisierte Texte sofort einsehen zu können. Leider ist hier noch ein recht weiter Weg zu gehen, wenn es auch wirklich verheißungsvolle Ansätze gibt. Vor allem die Katalogrecherche ist schon Realität!

***
U

Karlsruher virtueller Katalog

http://www.ubka.uni-karlsruhe.de/kvk.html

Metasuchmaschine für Online-Kataloge deutscher und ausländischer Bibliotheken.

V: Uni Karlsruhe
L: zu den einzelnen Katalogen
T: einfach, aber gut
S: deutsch

Die Suche ist nach Bibliotheken bzw. Verbundsystemen gegliedert. Zentrale Adresse für die Recherche! In Sekundenschnelle werden neben allen relevanten deutschen Katalogen auch z.B. LoC, British Library, die französische Nationalbibliothek u.a. abgefragt.

**

Subito

http://dbix01.dbi-berlin.de

„Dokumentlieferdienst der Deutschen Bibliotheken“: Suchmaschine und Bestellmöglichkeit für registrierte Benutzer, die elektronische Kopien von Aufsätzen benötigen.

V: Bund-Länder-Initiative Subito
L: Zugriff auf alle angeschlossenen Bibliotheken
S: deutsch

Gute, umfassende Suchmaschine, anmeldepflichtig, sehr interessantes Projekt! Zwar ist die Lieferung kostenpflichtig, doch schnell (meist drei Werktage) und gar nicht so teuer.

Verzeichnis der deutschsprachigen abfragbaren Kataloge und Institutionen

http://www.grass-gis.de/bibliotheken

Verzeichnis von Online-Katalogen, nach Orten und Fachgebieten gegliedert.

V: Uni Hannover
L: Links zu kommerziellen Seiten (elektronische Wörterbücher, Pressearchive, Datenbanken)
S: deutsch

Umfassende Recherche-Möglichkeit in deutschsprachigen Online-Katalogen, einfach und seriös. Die Sonderkataloge sind besonders hilfreich.

** U

Libweb Library Servers on the Web

http://sunsite.berkeley.edu/libweb

Verzeichnis aller Online-Kataloge im Web, nach Ländern und Einrichtungen sortiert.

V: Berkeley University
T: einfach, aber treffend; nach Ländern und Einrichtungen geordnet
S: englisch

Vielleicht die umfassendste Online-Liste.

** U

Deutsche Bibliotheken Online

http://www.hbz-nrw.de/hbz/germlst

Vollständige (!) Liste der Online-Kataloge deutscher Bibliotheken, gegliedert nach Orten.

V: Hochschulbibliothekszentrum Nordrhein-Westfalen
L: jeweils mit Angaben, ob der Link über www-Server, www-OPAC, Telnet-OPAC oder E-Mail erreichbar ist
T: sehr schlicht
S: deutsch und englisch.

Reine Linksammlung, sehr einfach gestaltet, zuverlässig und umfassend.

** U

Online-Katalog des österreichischen Bibliothekenverbunds

http://www.bibvb.ac.at/verbund-opac.htm

Verzeichnis der Kataloge in Österreich.

V: Österreichischer Bibliothekenverbund
L: zu den einzelnen OPAC-Katalogen
S: deutsch

Einfach, aber übersichtlich; keine Meta-Funktion.

Webis. Sammelschwerpunkte an deutschen Bibliotheken

http://webis.sub.uni-hamburg.de

Bibliotheksverzeichnis, nach Sammelschwerpunkten geordnet.

V: Staats-und Universitätsbibliothek Hamburg
L: übersichtlich und umfangreich
S: deutsch

Interessante Möglichkeit: Suche in Sammelschwerpunkten. Gut geeignet zur Ermittlung des Standortes eines Buches, womit die Fernleihe beschleunigt wird.

Urbs Online Public Access Union Catalogue of the Vatican Library

http://portico.bl.uk/gabriel/en/countries/vatican-union-en.html

Online-Datenbank (OPAC, Online Public Access Catalogue).

V: Vatikan
S: englisch

Sehr einfacher TelNet-Katalog im Stile der 80er-Jahre, nicht mehr zeitgemäß, fast benutzerfeindlich.

U

Staats-und Universitätsbibliothek Hamburg

http://wwwsub.sub.uni-hamburg.de

Sehr übersichtlicher Online-Zugang zur Unibibliothek Hamburg.

V: Staats-und Universitätsbibliothek Hamburg
L: sehr gut! Verbindung auch zum eigenen Archiv
T: optisch ansprechende und zweckmäßige Oberfläche
S: deutsch

Mit Bestellmöglichkeit!

** U

Bibliotheksrecherche im Internet

http://www.uni-duisburg.de/FB1/Geschichte/dbgw1.htm

Kommentierte Linkliste zur Bibliotheksrecherche und mehr.

V: Duisburg, Fach Geschichte
L: Links werden nicht nur aufgelistet, sondern auch bewertet
T: recht einfach, aber sehr übersichtlich
S: deutsch

Gute Einstiegsseite zur Bibliotheksrecherche mit praktischem Einführungsteil; enthält auch Übersichtsseiten zur Suche nach Aufsätzen, Quellentexten und Ressourcen.

Die Deutsche Bibliothek

http://www.ddb.de

Online-Präsentation der „Nationalbibliothek" mit Recherchemöglichkeit.

V: Deutsche Bibliothek
Q: nur über kostenpflichtigen Zugang!
L: Links zu den angegliederten OPAC-Katalogen
T: einfach, seriös und übersichtlich
S: deutsch

Wichtiger Katalog, aber kostenpflichtig! Möglich ist die Vorbestellung von Titeln, die am Folgetag im Lesesaal eingesehen werden können.

* U

Bibliographischer Werkzeugkasten

http://www.hbz-nrw.de/hbz/toolbox

Umfangreiches Verzeichnis jeweiliger Suchmaschinen zu vielen bibliographischen Themen (einschließlich Rezensionen, Diskographie etc.).

V: Hochschulbibliothekszentrum Nordrhein-Westfalen
T: einfach, nützlich, umfassend
S: deutsch

Sehr umfassend, ohne graphische Spielereien, sehr übersichtlich.

*

The Library of Congress

http://www.loc.gov

Online-Katalog der Library of Congress, der größten Bibliothek der Welt.

V: Library of Congress
L: interne Links
T: professionell, der Bedeutung der LoC angemessen, gute Stichwortsuche
S: englisch

Sehr umfassend und eindrucksvoll, enthält sogar eine Abteilung von Medien für Blinde und Behinderte. Ausführliche Selbstdarstellung. Erfasst sind die Bestände seit 1898!

Amazon.de

http://www.amazon.de

K

Größte Online-Buchhandlung im WWW mit mehr als einer Million lieferbarer Titel.

V: Amazon.de, deutscher Ableger des US-Online-Buchhändlers
P: die meisten Titel werden durch Thumbnails illustriert, teilweise gibt es auch Rezensionen
T: professionell; Warenkorb-Funktion für die direkte Bestellung
S: deutsch

Sehr professionelles und umfangreiches Angebot! Obwohl es sich um ein kommerzielles Unternehmen handelt, ist es gut zur bibliographischen Recherche geeignet. Bei Online-Bestellung wird gegen Rechnung geliefert, Versandkosten entstehen nicht.

KNO/KV-Buchkatalog

http://www.buchkatalog.de

K

„Europas größte Datenbank für Bücher, Software, CDs und Video".

V: KNO GmbH, Fa. Buchkatalog.de
T: sinnvoll und überschaubar
S: deutsch

Kommerzielle Online-Buchhandlung.

K

Libri.de

http://www.libri.de

Kommerzielle Internet-Buchhandlung.

V: Libri
S: deutsch

Vergleichsweise teuer, eingeschränkte Auswahl. Lieferung erfolgt in 24–48 Stunden über eine Buchhandlung in der Nähe. (Kostenfreie) Registrierung erforderlich.

K

Wissenschaftliche Buchgesellschaft

http://www.wbg-darmstadt.de

Online-Präsentation der WBG mit Katalog und Bestellfunktion.

V: Wissenschaftliche Buchgesellschaft, Darmstadt
T: professionell gemacht
S: deutsch

Suchfunktion innerhalb der 6.000 Verlagsartikel, jeweils mit kurzer Inhaltsangabe.

Online-Textarchive

Da die wichtigsten Textsammlungen des Internets thematische Schwerpunkte haben, werden sie in den entsprechenden Kapiteln genannt. Die folgenden Sammlungen sind eher von allgemeinerem Interesse.

Historical Text Archive

*

!

http://historicaltextarchive.com

Interessante Linksammlung, regional geordnet.

V: Don Mabry
T: überladen, enthält Werbung
S: englisch

Leider völlig unkritisch: wichtige Links stehen neben ziemlich problematischen.

Eurodocs
Primary Historical Documents from Western Europe

* *

http://library.byu.edu/~rdh/eurodocs

Linkliste zu Online-Archiven Westeuropas.

V: Eurodocs
Q: viele Quellen, häufig in der Originalsprache, aber auch in meist englischer Übersetzung, online abrufbar
P: einige Faksimiles
L: übersichtlich nach Regionen geordnete Linkliste
S: englisch

Umfassend und übersichtlich.

*

Project Gutenberg

http://promo.net/pg/

Online-Datenbank mit Texten zum Download, Schwerpunkt amerikanische Geschichte.

V: Project Gutenberg
Q: Quellen und Literatur zum Download
T: sehr gut aufgeschlüsselt, umfangreiche Suchfunktionen; FTP-Zugang
S: englisch

Sehr umfassende und stark verlinkte Datenbank mit kostenfreier Download-Funktion.

Digitalisierte Drucke der UB Bielefeld

http://www.ub.uni-bielefeld.de/diglib/rara.htm

Ältere und teilweise seltene Drucke des 15.–20.Jahrhunderts aus den Beständen der Universitätsbibliothek Bielefeld.

V: Universität Bielefeld
Q: eingescannte Drucke
T: sehr überschaubar, leider keine Suchmaschine nach Begriffen
S: deutsch

Die Faksimiles sind gut für den Unterrichtseinsatz geeignet!

Museen

Die Museen haben schon früh die Möglichkeiten des Internets für sich entdeckt und eine Reihe prächtiger Webseiten angefertigt. Dabei folgen sie grundsätzlich zwei Ansätzen: entweder handelt es sich um eine bloße Präsentation des Museums, wobei der werbende Charakter im Vordergrund steht, oder um ein wirkliches „Online-Museum“, in dem die Exponate direkt über das WWW zugänglich sind. Einige der besonders gelungenen Seiten finden sich übrigens weiter unten in den Kapiteln Archäologie und Alte Geschichte!

The International Council of Museums

http://www.icom.org/

Weltweite Netzwerk-Organisation unterschiedlichster Museen.

V: icom.org
T: etwas unübersichtlich
S: englisch, französisch

Eher etwas für Spezialisten, doch lassen sich so auch weniger bekannte Museen im Netz aufspüren.

Deutsches Historisches Museum

*

http://www.dhm.de

Die offizielle Online-Präsentation des Deutschen Historischen Museums.

V: Deutsches Historisches Museum, Berlin
Q: in der Objektdatenbank
P: Bilder in einer separaten Datenbank
L: umfangreiche Linkliste (unter www.dhm.de/links.html)
T: wegen der opulenten Aufmachung lange Ladezeit
S: wahlweise deutsch oder englisch

Wenn man weiß, wonach man suchen will, ist die Datenbankrecherche nach Objekten sinnvoll; zielloses Stöbern ist aber unmöglich, da die Webseite nicht als Online-Museum konzipiert ist, sondern jeweils nur einen kleinen Vorgeschmack gibt.

*

WebMuseen.de

http://webmuseen.de

Linkliste zu deutschen Museen.

V: WebMuseen.de
P: sehr schöne Bilder, auch kommerziell
L: nach Eigenwerbung „mehr als 9000 Adressen und 3400 Links"
T: übersichtlich, Struktur wird durch ein Kartogramm vorgegeben
S: deutsch

Sehr umfangreiche Linkliste!

***

Deutsches Haus der Geschichte Online

http://www.hdg.de

Präsentation des Museums mit Recherchemöglichkeit und dem besten virtuellen Rundgang im Netz: eine Wanderung durch die Räume des Museums mit freier Bewegung in alle Richtungen sowie einer Zoomfunktion.

V: Haus der Geschichte der Bundesrepublik Deutschland
Q: Zugriff auf 865 Objekte über die Recherche-Funktion
P: reich bebildert!
M: Quicktime-Panoramen
L: zu angeschlossenen Instituten
S: deutsch

Gelungene Präsentation, die einerseits Lust auf einen Besuch machen soll und macht und andererseits auch Infos und Recherche-Möglichkeiten anbietet.

Louvre

http://www.louvre.fr

***

Wunderschöne Präsentation des Museums!

V: Louvre
P: viele Gemälde und Kunstobjekte, aber leider nur eine enge Auswahl der Meisterstücke. Sie lassen sich vergrößern und enthalten weiterführende Informationen
M: einschließlich virtueller Rundgänge (im Quicktime-Movie-Format), die Appetit auf einen Besuch machen, an sich aber wenig Nutzen bringen
T: toll!
S: französisch

Beispielhaft, sensationell, Nutzen jedoch nicht ganz einsichtig.

Museo Archeologico Bologna

http://www.comune.bologna.it/Musei/Archeologico/index.html

*

Museumsführer, viele Exponate werden vorgestellt, aber nur sehr knapp erläutert.

V: Museum Bologna
P: viele schöne Bilder
T: sauber aufgebaut, allerdings viele Seiten linear hintereinander
S: italienisch

Schön! Häufig wird diese Seite als mustergültig empfohlen, im Vergleich mit dem Louvre fällt sie aber doch etwas ab.

Archive

Selbstverständlich stellen sich auch die Archive auf eigenen Seiten dar. Leider beschränken sie sich in der Mehrzahl auf technische Hinweise wie Sammlungsschwerpunkte, Benutzungsmöglichkeiten und Öffnungszeiten. Ein direkter Zugriff auf Archivalien ist nur selten möglich.

Bundesarchiv online

http://www.bundesarchiv.de/

Präsentation des Bundesarchivs und seiner Außenstellen, einschließlich Benutzungshinweisen (sogar mit Informationen zum öffentlichen Nahverkehr), Öffnungszeiten, Beständen und Publikationen.

V: Bundesarchiv, Koblenz
B: Publikationsliste
L: Links zu deutschen und ausländischen Archiven
T: professionell gemacht, aber auffallend lange Ladezeiten
S: deutsch

Suchformular erlaubt direkte Anfragen; leider weder Bilder noch Texte über Internet einsehbar; wenig anschaulich.

---

*

Archives of Australia

http://www.archivenet.gov.au

Überblick über die Archive in Australien, umfangreiche Hinweise zur Geschichte der Eingeborenen.

V: National Archives of Australia
Q: einige Dokumente zur australischen Geschichte („Treasuries") werden vorbildlich aufbereitet: als Faksimile, in Vergrößerung, in Umschrift und mit Kommentaren
L: zu den einzelnen Archiven Australiens
T: perfekt!
S: englisch

Sehr ansprechend aufbereitete Seite! So sollte eine Archivpräsentation aussehen – wenn man auch gerne mehr über die Bestände erfahren würde.

Archivschule Marburg

http://www.uni-marburg.de/archivschule/fv24.html

Linkliste zu Archiven in der Welt.

V: Institut für Archivwissenschaft, Fachhochschule für Archivwesen
S: deutsch oder englisch

Leider kein eigenes Online-Archiv, die Linkliste ist aber sehr umfassend.

Archive in der Bundesrepublik Deutschland

http://my.bawue.de/~hanacek/info/darchive.htm

Linkliste zu allen Archiven in Deutschland.

V: Andreas Hanacek
T: einfach und übersichtlich
S: deutsch oder englisch

Listet zu jedem Archiv auch Adresse und Öffnungszeiten auf.

Public Record Office

http://www.pro.gov.uk/

Online-Präsentation des britischen Nationalarchivs.

V: Public Record Office
L: z.B. zu den britischen Organisationen und Archiven
T: bunt und unübersichtlich
S: englisch

Sehr umfassend, aber kompliziert in der Struktur; für britische Geschichte ein absolutes Muss!

NARA
National Archives and Records Administration

http://www.nara.gov

Präsentation des Archivs.

V: NARA, Washington, D.C.; USA
L: zu verschiedenen US-Archiven
T: textorientiert und trocken
S: englisch

Sehr umfassend, benötigt Einarbeitung, Online-Recherchen möglich.

Archives nationales

http://www.archivesnationales.culture.gouv.fr

Links zu allen französischen Archiven.

V: Archives Nationales, Paris
T: einfach und professionell
S: französisch

Online-Recherche möglich, benötigt Einarbeitung.

Allgemeine (politische) Geschichte

Regional

Da die deutsche respektive mittel- und westeuropäische Geschichte weiter unten ausführlich behandelt wird, folgen hier lediglich einige Links zu Überblicksdarstellungen und anderen Regionen.

Nachschlagewerke zur Weltgeschichte

Folgende Adressen führen zu Seiten, die allgemein über Weltgeschichte informieren.

Weltchronik.de

*

http://www.weltchronik.de

Daten, Ereignisse und Personen der Weltgeschichte, knapp aufbereitet in selbst verfassten Artikeln, dazu eine Suchmaschine für Texte und Referate.

V: ICA-D (Provider)
P: reich illustriert, umfangreiche Bilddatenbank
L: Verweise lediglich auf „Chronik-Partner“, sonst gut intern verlinkt
T: lange Ladezeiten! (Werbung!)
S: deutsch

Homework, aber sehr fleißig, zur ersten Orientierung gut geeignet. Störend ist die Werbung, und die Empfehlungen „Geschenkideen für Historiker“ oder die „Games & Fun Zone“ sind Geschmackssache.

*

Hyper History Online

http://www.hyperhistory.com/online_n2/History_n2/a.html

Wunderschöne Zeitleisten, geordnet nach Personen, Epochen oder Ereignissen, zusätzlich stehen zahlreiche Karten zur Verfügung.

V: Andreas Nothiger
P: synchronoptische Zeitleisten
L: intern verlinkt: jede Angabe auf dem Zeitstrahl führt zu weiteren Informationen (leider ohne weitere Abbildungen)
T: Hard copy möglich; lange Ladezeiten, da grafisch aufwändig
S: englisch

Toll, erlaubt raschen Überblick, allerdings ist die grafische Darstellung etwas klein geraten, sodass Details nur mühsam erkennbar sind (abhängig von der Monitorauflösung).

U

Web Chronology Project

http://campus.northpark.edu/history/WebChron

Zahlreiche chronologische Listen, gegliedert nach regionalen und „cross cultural"-Chronologien.

V: North Park University, Chicago IL
P: textorientiert, keine Abbildungen
B: alle Artikel mit Bibliographie versehen
L: gute interne Verknüpfung mit vielen Unterverzweigungen
S: englisch

Eignet sich wegen der recht starren Struktur weniger zum Nachschlagen, bietet aber dennoch eine Fülle an Daten und Fakten. Stark aus amerikanischem Blickwinkel; die zugrunde liegenden Quellen sind eher populären Zuschnitts (u.a. Encarta und Studentenarbeiten).

Außereuropäische Geschichte: Afrika

African Studies

http://www.sas.upenn.edu/African_Studies/AS.html

U

Informationen über das African Studies Center und dessen Aktivitäten in und für Afrika.

V: University of Pennsylvania
L: zahlreich, sehr verzweigt
T: ansprechend aufbereitet
S: englisch und französisch

Interessant für Insider; Infos auch über soziale Projekte; beinhaltet eine umfangreiche Linksammlung.

Africa Research Central

http://africa-research.org

*
U

Portal zu Archiven, Bibliotheken und Museen mit wichtigen Sammlungen zur afrikanischen Geschichte.

V: California State University, San Bernardino
P: sparsam
S: englisch

Museen und Sammlungen in aller Welt, sehr hilfreich für Afrikanisten, aber insgesamt wenig anschaulich.

U

RESUNACT. Research Unit for the Archaeology of Cape Town

http://www.uct.ac.za/depts/age/resunact/corepage.htm

Darstellung der archäologischen Erforschung von Kapstadt, hauptsächlich aber Verbindungen zu den Forschungseinrichtungen, kaum Material.

V: Uni Kapstadt
T: lange Ladezeiten!
S: englisch

Sehr anschaulich, guter Einstieg in diese von uns aus so abgelegene Thematik.

Außereuropäische Geschichte: Asien

China – a Country Study

http://lcweb2.loc.gov/frd/cs/cntoc.html

Informationen zur Geschichte Chinas: ausführliche Chronologie, Historisches, Bevölkerung, soziales System, usw.

V: Library of Congress, Washington
P: sparsam illustriert
B: sauber!
L: weiterführende Links
S: englisch

Sehr ausführliche Berichte und Darstellungen Chinas unter Berücksichtigung aller denkbaren Themengebiete.

History of India

http://www.historyofindia.com/home.html

K

Geschichte Indiens, Zeitleiste, Bilder usw.

V: The Fix (kommerziell)
P: reichlich illustriert
T: Seitenaufbau sehr, sehr langsam; Schrift teilweise zu klein, Seitenaufbau klar gegliedert und gut strukturiert
S: englisch

Guter Abriss der Geschichte Indiens; kurze, überschaubare Texte! Berücksichtigt werden neben der Ereignisgeschichte auch Religion und Kultur.

Itihaas History of India

http://www.itihaas.com

K

Alles über Indien!

V: IndiaWorld Communications (kommerziell)
Q: zahlreiche Texte indischer Historiker
P: reichlich illustriert
L: gute, klar gegliederte Links
S: englisch

Sehr ausführliche Seite über die indische Geschichte, optisch ansprechend gestaltet. Der patriotische Blickwinkel ist jedoch nicht zu verleugnen!

* U

The American Civil War

http://homepages.dsu.edu/jankej/civilwar/civilwar.htm

Stichworte zum Amerikanischen Bürgerkrieg.

V: Dakota State University, Madison, SD, USA
P: Fotos von „Reenactors", die Bürgerkriegsschlachten nachstellen
L: riesige Linksammlung, nach Schlagworten geordnet
S: englisch

Trotz der Illustration durch nachgestellte Fotos inhaltlich in Ordnung; die Quellen- und Literaturangaben sind seriös, die Linksammlung bedient alle denkbaren Interessen von Archivalien über Biographien bis hin zu Händlern, die Uniformreproduktionen anbieten.

Letters from Iowa Soldier in the Civil War

http://www.ucsc.edu/civil-war-letters/home.html

Interessantes Beispiel für „Geschichte von unten": Briefe eines Kriegsteilnehmers.

V: Bill Proudfoot
Q: Briefe des Private Newton Robert Scott von den „Iowa Volunteers"
P: einige Abbildungen
L: Links zu anderen „Civil War"-Seiten, darunter auch zum entsprechenden Webring
S: englisch

Sehr persönlich, deshalb auch anrührend.

Vietnam War

*

http://historicaltextarchive.com/USA/Vietnam/vietnam.html

Einstiegsseite mit Links zu weiterführenden Seiten, auf denen überwiegend die US-Sicht des Vietnamkrieges thematisiert wird.

V: *Don Mabry*
Q: *Links zu Texten, Liedern und Bildern*
L: *ohne weitere Kommentierung*
S: *englisch*

Die Links sind von unterschiedlicher Qualität: neben Periodika der US-Veteranen sind auch Zeitzeugenberichte und Bibliographien erreichbar.

Levi Jordan Plantation

*
U

http://www.webarchaeology.com/Html

Hochinteressantes Projekt zur Erforschung einer Südstaaten-Plantage des 19. Jahrhunderts in Texas, dabei archäologische, historische, ethnographische Aspekte.

V: *University of Houston*
P: *reich illustriert*
S: *englisch*

Sehr schön! Ein echtes Projekt, sogar unter Mitwirkung von Abkömmlingen der früher dort lebenden Sklaven.

Osteuropa

Auch wenn in der Überschrift ganz Osteuropa genannt wird, konzentriert sich doch die Masse der Webseiten auf die russische Geschichte.

*

U

Seminare für Osteuropäische Geschichte in Deutschland

http://www.uni-giessen.de/~g814/osem10.html

Wie der Name sagt: Links zu den universitären und außeruniversitären Einrichtungen in Deutschland, der Schweiz und Österreich, die sich mit osteuropäischer Geschichte befassen.

V: Uni Gießen
P: rein textorientiert
S: deutsch

Guter Einstieg!

Oskar Halecki, A History of East Central Europe

http://historicaltextarchive.com/halecki

Volltext des Standardwerkes des bekannten exilpolnischen Historikers!

V: Historical Text Archive, Don Mabry
P: reiner Text ohne Schnörkel
S: englisch

So wünscht man sich das Internet: wichtige Literatur vom heimischen Schreibtisch aus zugänglich!

Yale Russian Archive Project

http://www.yale.edu/rusarch/archive.html

Verbindung zu Websites mit dem Thema Sowjetunion (nicht nur rein wissenschaftliche), Beschreibung von Archivbeständen (auch in privater Hand).

V: Yale University
B: ausführliche Bibliographie
S: englisch, die Verzweigungen führen aber überwiegend zu russischen Seiten

Leider kaum Zugang zu Online-Dokumenten.

U

Slavic and East European Collectiona in the Stanford University Library

http://www-sul.stanford.edu/depts/hasrq/slavic/3history.html

Thematischer Bestandskatalog der für osteuropäische Fragen führenden amerikanischen Hochschule.

V: Stanford Univ.
S: englisch

Umfangreiche Bibliographie vor allem zur russischen Geschichte.

U

Linksammlung zur russischen Geschichte

http://www.friends-partners.org/oldfriends/history/history.html

Einige ziemlich willkürlich zusammengetragene Links zu Themen vor allem der russischen Geschichte.

T: einfach, nur eine einzige Seite
S: englisch

Wenig bedeutsam, doch gibt es zu dieser Thematik kaum Alternativen.

*
U

The Bucknell Russian Programm

http://www.departments.bucknell.edu/russian

Interessante Details: z.B. Stammtafeln der russischen Herrscherhäuser und ein kurzer Abriss der Geschichte Russlands.

V: Bucknell University, Lewisburg PA
P: reich illustriert
L: Linksammlung zu Archiven in Russland, zu russischen Websites (für die dann entsprechende Sprachkenntnisse nötig sind)
T: etwas verspielt
S: englisch, Verzweigungen russisch

Wichtig!

Russia: From revolution to counter-revolution

http://easyweb.easynet.co.uk/~socappeal/russia/

Online-Version eines Handbuchs zur russischen Geschichte.

V: Ted Grant
B: einschließlich Bibliographie
S: englisch

Gut, doch sind die Texte sehr lang und für das Lesen am Bildschirm zu unhandlich.

*

Russian History in the Web

http://www.russianhistory.org

Gut gegliederte Linksammlung, alles kategorisiert und bewertet. Unterschieden wird nach Quellen. Literatur und Seiten mit tendenziösem Inhalt - daran könnten andere sich ein Beispiel nehmen!

V: Marshall Poe
S: englisch

Sehr gut, idealer Einstieg, Verweise auch auf zahlreiche russische Seiten.

Russian History on the Internet

*

http://www.ucr.edu/history/seaman

Vom Autor aus dem Material zusammengestellt, das er zur Promotionsvorbereitung erarbeitet hat.

V: James Seaman, University of California
B: umfangreiche Bibliographie
L: viele interessante Links, auch ganz aktuelle zur Tagespolitik, kyrillische Zeichensätze etc.
S: englisch

Ein weiterer brauchbarer Einstieg.

Stalin-Fan-Seite

!!!

http://www.tiac.net/users/knut/Stalin/book.html

Online-Fassung von Ludo Martens: Another view of Stalin.

V: John Plaice
S: englisch

Unkritischer Versuch einer Rehabilitierung. Unglaublich! Im Internet ist eben alles möglich.

Vor- und Frühgeschichte, Archäologie

Die Archäologie ist im Internet bemerkenswert stark vertreten – vielleicht eine Folge der traditionellen internationalen Zusammenarbeit in diesem Bereich. Aus der großen Fülle nützlicher Seiten folgt hier eine kleine Auswahl.

Portale

***
U

Archäologie im Internet

http://www.ufg.uni-freiburg.de/d/index.html

Einstieg in die hervorragende Web-Präsentation des Instituts für Ur- und Frühgeschichte der Uni Freiburg mit Verzweigungen zu Museen und archäologischen Zeitschriften weltweit, zur Archäologie in Deutschland, zu Instituten und Denkmalschutzbehörden, zu Disziplinen und Methoden.

V: Uni Freiburg
L: sehr umfangreiche Linksammlung
T: einfach und übersichtlich
S: deutsch

Sehr sehenswert! Zentrales Portal für diese Thematik!

U

Digger

http://www.ufg.uni-freiburg.de/d/digger.html

Suchmaschine für deutschsprachige Webseiten mit archäologisch relevanten Inhalten.

V: Uni Freiburg
S: deutsch

Hilfreiches Instrument!

ArchNet

* * * U

http://archnet.asu.edu

Portal zu allen archäologischen Themen, Bestandteil der „Virtual Library".

V: Uni Connecticut
L: sehr umfangreiche Sammlung
S: englisch

Leider ist dieses hervorragende Portal im Oktober 2000 eingestellt worden; Aktualisierungen finden deshalb nicht mehr statt. Der „alte" Bestand ist aber nach wie vor sehr nützlich, wenn sich auch der eine oder andere Link inzwischen erledigt haben mag.

Archaeological Resource Guide for Europe (ARGE)

* U

http://odur.let.rug.nl/arge

Wie der Name schon sagt: Zugriff auf alle für die europäische Archäologie relevanten Seiten.

V: ARGE
T: grafisch nett gemacht, Auswahl z.B. über Länder/Regionen oder Schlagworte möglich, integrierte Suchfunktion
S: englisch

Hervorragendes Portal zum Thema Archäologie, lässt keine Wünsche offen. Zentral!

Archäologie online

http://www.archaeologie-online.de

Ein weiteres Portal zur Archäologie mit umfangreicher Linksammlung, Diskussionsforen, Presseschau, Buchvorstellungen, Rezensionen usw.

V: zumindest gesponsert vom Verlag Konrad Theiss
L: über 2000 Links!
S: deutsch

Interessant, grafisch schön gemacht.

Archäologie in Baden-Württemberg

http://www.bawue.de/~wmwerner/dtsch/archl_d.html

Verweise auf Seiten zur Archäologe in Baden-Württemberg: Institute, Ausgrabungen, Museen, geschützte Denkmäler.

> *V:* *Wolfgang M. Werner*
> *L:* *viele hilfreiche Links!*
> *S:* *deutsch, englisch*

Ein ganz brauchbares Portal, obwohl es sich um eine Privatinitiative handelt.

Einzelne Fundstätten und Museen

*

Neanderthal

http://www.neanderthal.de

Virtuelle Führung durch die Bestände, grafisch sehr poppig, enthält sogar Angebote aus dem Museumsshop.

> *V:* *Museum Neanderthal*
> *P:* *Viele Abbildungen, interessant vor allem die Dermoplastiken im Bildarchiv, welche zwar in weit besserer Qualität gegen Gebühr bestellt werden können, aber auch in der über das WWW erreichbaren Fassung sehr gut nutzbar sind*
> *S:* *deutsch*

Sehr schön, aber eigentlich etwas flach, sehr stark werbend. Interessant und nachahmenswert der eigene Publikationsservice.

Der Mann aus der Steinzeit

*

K

http://www.geo.de/themen/historie/oetzi

Sehr anschauliche Darstellung des Mannes vom Hauslabjoch: Ötzi in 3D und Farbe. Details zu Fundort, Ausrüstung und Kleidung.

V: Geo-Magazin (kommerziell)
M: Quicktime-Videos des rekonstruierten Gletschermannes
T: sehr lange Ladezeiten der Movies, aber es lohnt sich!
S: deutsch

Populär, aber sehr anschaulich, gut für Schüler geeignet! Die Geo-Seite ist immer einen Besuch wert (*http://www.geo.de/themen/historie/index.htm*).

Lascaux

***

http://www.culture.fr/culture/arcnat/lascaux/de

Virtueller Rundgang durch die Höhle von Lascaux.

V: Museum Lascaux
P: wunderbar illustriert, zu den Abbildungen gibt es Erläuterungen
T: originelle, aber übersichtliche Benutzerführung
S: mehrere; deutsch mit Endung „de", französisch „fr" etc.

Ganz toll! Referenzseite!

Çatalhöyük

http://catal.arch.cam.ac.uk/catal

Bericht über die Ausgrabungen in Çatal Hüyük, sehr genau, umfasst u. a. auch den Volltext der Catal News und der Catal Archive Reports.

P: textorientiert; die den Artikeln in der Druckfassung beigefügten Illustrationen sind enthalten
S: englisch und türkisch

Gut!

Bandkeramische Siedlung Vaihingen/Enz

http://www.bawue.de/~wmwerner/grabung/vaih.html

Bericht über den Stadt der Grabungen in Vaihingen/Enz mit Vorstellung der bisherigen Ergebnisse.

V: *W. M. Werner*
P: *Einige Abbildungen vom Grabungsgelände, von Funden, Skizzen des Geländes*
S: *deutsch*

Privatinitative, dennoch Ok.

Federseemuseum Bad Buchau

http://www.federseemuseum.de

Selbstdarstellung des Museums, Rundgang, wichtige Exponate, Hinweise zum museumspädagogischen Angebot.

V: *Federseemuseum*
P: *reich bebildert, alles sauber nachgewiesen, z.T. sehr gut brauchbare Abbildungen*
S: *deutsch*

Schöne Museumspräsentation!

Bibracte

http://www.bibracte.tm.fr

Informationen über das Museum Bibracte, virtueller Rundgang, allgemeine Infos, Bibliographie, Karten.

V: *Centre archéologique européen du Mont Beuvray*
P: *reich illustriert*
S: *französisch*

An sich eine gelungene Präsentation des Museums; leider ist der Rundgang nur sehr lückenhaft, und auch der Informationsgehalt könnte höher sein.

Projekt Troia

*

U

http://www.uni-tuebingen.de/ufg/troia

Darstellung der Ausgrabungen in Troja.

V: Uni Tübingen, Uni Cincinnati
S: deutsch und englisch

Die äußere Gestalt ist ansprechend, doch würde man gerne mehr über die Grabung und die Ergebnisse erfahren.

Keltenmuseum Hochdorf

* * *

http://www.keltenmuseum.de

Online-Präsentation des Fürstengrabes von Hochdorf

V: Keltenmuseum Hochdorf
Q: Online-Texte stehen abrufbar, darunter auch eine Dissertation. Umfangreiche Bibliographie!
P: reich illustriert; viele Abbildungen lassen sich vergrößern oder bieten Hotspots, über die man weitergeleitet wird (z.B. beim Wagen). Dazu die Option „Frames" wählen!
L: vorbildlich intern verlinkt (Hotspots!)
T: perfekt!
S: deutsch oder englisch

Sehr sehenswert! Eine vorbildliche Seite!

Archaeology: An Introduction

http://www.staff.ncl.ac.uk/kevin.greene/wintro/index.htm

Einführung in die Archäologie.

V: Kevin Greene, Univ. Newcastle
T: textlastig
S: englisch

Praktisch ein Online-Handbuch.

Archäologie in Deutschland

http://www.theiss.de/AID/index.php3

Online-Präsentation der Zeitschrift, stark werbend, teilweise mit Auszügen aus der AID und anderen Verlagspublikationen (auch CD-ROM).

V: Theiss-Verlag
P: reich bebildert, aber meist Werbung
L: nur intern zu Verlagspublikationen
T: bunt und ansprechend
S: deutsch

Als Werbung interessant, aber durch die stark eingeschränkten Zugriffsmöglichkeiten kaum zur Information oder gar Recherche geeignet.

Forum archaeologiae

http://mailbox.univie.ac.at/elisabeth.trinkl/forum/

Zeitschrift für klassische Archäologie mit Auszügen aus den Artikeln.

V: Uni Wien
P: ansprechend illustriert
S: deutsch

Vielseitig aufbereitet, aber wenig Informationen.

Alte Geschichte

Portale

*
*
*
U

Deutsche Datenquellen Alte Geschichte

http://www.phil.uni-erlangen.de/~p2latein/vl/vlagdt.html

Projekte, Institutionen, Zeitschriften, Lehre im Netz – nicht nur zur Alten Geschichte!

V: Uni Erlangen
B. Links zu bibliographischen Seiten (vor allem Forschungsberichte), Inhaltsverzeichnisse wichtiger historischer Zeitschriften: HZ, GWU, Gymnasium, HJb, Klio, Laverna u.a., zahlreiche Online-Publikationen, darunter vollständige Aufsätze zur Alten Geschichte, alles kommentiert
L: wirklich gute Sammlung!
S: deutsch

Hervorragendes Portal! Guter Einstieg in die Alte Geschichte! Technisch und inhaltlich von hohem Niveau (wie alles aus Erlangen).

Classics at Michigan University

http://classics.lsa.umich.edu

Portal zur Alten Geschichte und Klassischen Philologie, Linksammlung.

V: Sebastian Heath, Uni Michigan
L: Unkommentierte, wenig übersichtliche Sammlung von Links zur Alten Geschichte; darunter eine Vielzahl sehr interessanter, die aber erst aufgefunden werden müssen
S: englisch

Mühsam, aber wertvoll.

***
U

Perseus Project

http://www.perseus.tufts.edu

Projekt zu „Art and Archaeology“, mit Katalogen zu Architektur, Fundstätten, Münzen, Vasen, Skulpturen in enormem Umfang, durch zahlreiche Ordnungskriterien erschlossen, jeweils mit detaillierten Informationen und meist auch Abbildungen, einem Atlas zur Orientierung; Texten und Übersetzungen, zusätzlich einer Enzyklopädie zur antiken Welt, einem Handbuch der griechischen Geschichte, Liddell-Scotts Griechischem Wörterbuch (!), griechischen und lateinischen Grammatiken und vielem mehr.

V: Gregory Crane, Tufts University, Medford, USA
Q: umfangreiche Sammlung antiker Texte, meist zweisprachig (griechisch/lateinisch – englisch). Enthalten sind z.B. Aischylos, Aristophanes, Euripides, Demosthenes, Herodot, Hesiod, Homer, Lysias, Lykurg, Plato, Pindar, Sophokles, Thukydides, Xenophon, Caesar, Cicero, Catull, Livius, Vergil, Plautus u.a.
P: eine Unmenge erstklassiger Abbildungen, vor allem von Kunstwerken (erstaunlich die Vasensammlung!), leider teilweise nur als nicht vergrößerbare Thumbnails
B: umfangreiche Literaturangaben
T: teilweise etwas lang, auch wegen der aufwendigen Grafik
S: englisch

Absolute Spitze! Lässt kaum Wünsche offen! Die Referenzseite zur Klassischen Kunst und Literatur!

*
U

Electronic Resources for Classicists

http://www.tlg.uci.edu/~tlg/index/resources.html

Umfangreiches Gateway, sehr ausführlich.

V: University of California, Irvine
L: ausführliche Linksammlung
S: englisch

Sehr umfangreich, enthält Hinweise auf Bibliographien, Bildersammlungen, Lehrmaterialien, sogar Online-Seminare.

U

Kentucky Classics

http://www.uky.edu./artssciences/classics

Webseite zu allen denkbaren althistorischen Themen.

V: University of Kentucky, Lexington
B: umfangreiche Bibliographie
L: viele wichtige Links, dabei sogar einige zu aktuellen Spielfilmen mit entsprechender Thematik, zu lateinischen Lehrveranstaltungen etc.
T: optisch sehr ansprechend, gute Navigation
S: englisch und lateinisch

Anschaulich und schön, doch hauptsächlich als Portal sinnvoll: die Daten sind über Links zu anderen Servern erreichbar.

*

The Ancient World Web

http://www.julen.net/ancient/

Linkliste zu althistorischen Themen, sauber gegliedert (Archäologie, Kunst, Bauten, Alltagsleben, Geschichte, Sprache, Mythologie, Wissenschaft u.a.m.), mit Suchfunktion.

V: Julia Hayden
L: gegliedert nach Kategorien, integriert ist aber auch eine lokale Suchmaschine; Zugriff auch mit Zufallsfunktion; Übersicht über die am häufigsten besuchten Seiten
S: englisch

Sehr umfangreich, über 1000 Links nur zur Alten Geschichte!

**
U

Kirke

http://www.phil.uni-erlangen.de/~p2latein/ressourc/ressourc.html

Katalog der Internetressourcen zur Klassischen Philologie, wobei auf unterschiedlichste Sachgebiete eingegangen wird.

V: Uni Erlangen
Q: Sammlungen von Originaltexten und Übersetzungen, gut gegliedert, über Links erreichbar
B: sehr umfangreiche wissenschaftliche Bibliographie, Anbindung an Verlagskataloge
L: sehr viele gute Links, Verbindung zu Mailinglisten und Newsgroups
S: deutsch

Ein empfehlenswertes Portal! Nützlich kann auch ein Blick auf die Homepage (*~p2latein*) sein; hier finden sich weitere Links.

*
U

Klassische Philologie und Alte Geschichte in Deutschland

http://www.phil.uni-erlangen.de/~p2latein/ressourc/deutsch.html

Links zu allen Instituten und Einrichtungen in Deutschland, die sich mit Alter Geschichte, Byzantinistik, Klassischer Philologie befassen und über ein eigenes Angebot im WWW verfügen, dazu ein Verzeichnis der Gymnasien, „an denen Latein eine erkennbare Rolle spielt".

V: Uni Erlangen
S: deutsch

Wie die Inhaltsangabe schon sagt: Links zu allen Instituten, manchmal sehr nützlich, aber oft ist es einfach nur schön, die Seiten der aufgelisteten Einrichtungen anzuschauen. Lässt kaum Wünsche offen!

Telemachos

http://telemachos.phil.uni-erlangen.de

Teledidaktik und Multimediaverwendung auf dem Gebiet des Klassischen Altertums, des frühen Christentums, des Alten Orients und der Spätantike.

V: Uni Erlangen
L: interessante Linkliste
S: Einstiegsseite auf Deutsch, sonst Italienisch

Noch im Aufbau, deshalb bestehen die Seite hauptsächlich aus Verbindungen zu dem parallelen italienischen Projekt.

Alte Geschichte in Deutschland

http://ivory.trentu.ca/www/cl/brddir.html

U

Verbindung zu den Instituten und Organisationen in Deutschland, die sich mit Alter Geschichte befassen – erstaunlicherweise aus Ontario!

V: K. H. Kinzl, Trent University, Peterborough
S: englisch und deutsch

Reine Linkliste, aber ganz nützlich.

Textbibliotheken/Quellensammlungen

The Latin Library

http://patriot.net/~lillard/cp/latlib

Umfangreiche Textbibliothek klassischer lateinischer Autoren.

Q: Schriften im Volltext
S: lateinisch

Etwas für Spezialisten, da konsequent in Lateinisch gehalten: Übersetzungen gibt es nicht. Dafür lässt die Auswahl der verfügbaren Texte kaum einen Wunsch offen.

The Internet Classics Archive

http://classics.mit.edu

Archiv von aktuell 441 Werken der klassischen Literatur in englischer Übersetzung; die Informationen zu den Autoren sind mit der *Encyclopedia Britannica online* verknüpft, welche aber nur gegen Gebühren zugänglich ist.

V: MIT
Q: 59 Autoren und 441 Werke über Links zugänglich
S: englisch

Hilfreiche Übersicht der im Netz verfügbaren antiken Autoren, aber eines von vielen Angeboten.

*

U

Bibliotheca Classica Selecta

http://www.fusl.ac.be/Files/General/BCS/BCS.html

Bibliographische Angaben zu fast allen denkbaren Themen der Alten Geschichte.

V: Université Saint-Louis, Bruxelles
Q: einige Zeitschriftenaufsätze zum Download, antike Autoren in französischer Übersetzung (Lukian, Seneca, Tacitus, Vergil, Livius etc.), umfangreich annotiert
S: französisch

Sehr interessant!

Exploring Ancient World Cultures

* U

http://eawc.evansville.edu/

Online-Handbuch zu acht Kulturen (Naher Osten, Indien, Ägypten, China, Griechenland, Rom, früher Islam, mittelalterliches Europa).

V: Anthony F. Beavers, University Evansville
Q: Zugriff auf zahlreiche Quellentexte in englischer Übersetzung
L: Hypertext-Verknüpfungen zu weiterführenden Seiten
S: englisch

Anschaulich und locker gemacht, z.B. ist ein „Roman Emperors Quiz" enthalten.

AERIA Antikensammlung Erlangen Internet Archive

U

http://www.phil.uni-erlangen.de/~p1altar/aeriahome.html

Präsentation der Bestände mit „virtuellem Museum".

V: Institut für Klassische Archäologie, Uni Erlangen
P: reichlich Abbildungen der Exponate, die jeweils genau erläutert werden; teilweise mehrfach mit unterschiedlicher Beleuchtung aufgenommen
M: umfangreiches Angebot an Videos (MPEG)
T: modern und sehr ansprechend
S: deutsch oder englisch

Wirklich eine Präsentation der Antikensammlung, doch werden die detaillierten Informationen eher für Spezialisten interessant sein.

Antike und Mittelalter

In den USA ist es teilweise üblich, Antike und Mittelalter gemeinsam abzuhandeln; deshalb hier ein Hinweis auf eine Seite, die beide Großepochen berücksichtigt.

*
U

Argos

http://argos.evansville.edu

Linkliste zu antiken und mittelalterlichen Internet-Angeboten.

V: Universität Evansville
L: knappe, gut kommentierte Linkliste – ausgesucht wurden nur tatsächlich relevante Seiten
T: sehr nüchtern, textorientiert
S: englisch

Saubere Arbeit! Die wichtigsten Links auf einer Seite!

Ägypten

Ägypten ist in – auch im Internet. Die hier aufgeführten Seiten gehören teilweise zum Schönsten, was das Internet zu bieten hat!

Annual Egyptological Bibliography

http://www.leidenuniv.nl/nino/aeb.html

Online-Katalog zur Ägyptologie.

U

V: International Association of Egyptologists
B: detaillierte Bibliographie
P: textorientiert
S: englisch

Umfangreiche Liste archäologischer Literatur ohne Download-Möglichkeit.

TiAmenyNet

http://www.richmond.edu/academics/a&s/classics/TiAmenyNet

Multi-Media-Präsentation zu einer in der Sammlung der Universität Richmond befindlichen Mumie.

U

V: Universität Richmond
M: Multi-Media-Präsentation (Diashow mit Kommentaren und Musikuntermalung)
S: englisch

Benötigt viel Zeit und deshalb lediglich als Beispiel für eine solche Präsentation geeignet; inhaltlich sind die 22 Minuten Laufzeit ermüdend.

*
*
*
U

Tomb of Senneferi

http://www.newton.cam.ac.uk/egypt/tt99/index.html

Informationen über das Grab des Senneferi (Theben Grab 99).

V: *Universität Cambridge*
Q: *Ausgrabungsberichte*
P: *eine Fülle von Fotos der Grabung, der Umgebung und der Funde; besonders gelungen der Grundriss des Grabes, bei dem interessante Details angeklickt und vergrößert werden können.*
M: *Quicktime-Movies zur Erkundung des Grabungsgeländes*
B: *alle Texte wissenschaftlich fundiert und sauber belegt*
T: *perfekt!*
S: *englisch*

Ideal! Ganz toll! Eine außerordentlich gelungene Präsentation mit Vorbildcharakter.

*

Upuaut Project

http://www.cheops.org

Ausführlicher Bericht über die Entdeckung bislang unbekannter Schächte in der Cheops-Pyramide, die von dem Ingenieur Rudolf Gantenbrink mit Hilfe eines Miniaturroboters erkundet wurden.

V: *Rudolf Gantenbrink*
P: *zahlreiche computergerechte Abbildungen, auch in 3D*
B: *einschließlich Bibliographie und weiterführenden Links*
T: *aufwendig, sehr sehenswert*
S: *englisch*

Wunderschöne, opulent illustrierte Seite mit vielen aufwendigen Illustrationen der Cheops-Pyramide - nicht nur von den Ergebnissen des Upuaut-Projektes. Die Werbung ist glücklicherweise auf die Startseite beschränkt.

Land der Pharaonen

http://www.land-der-pharaonen.de

Umfangreiche Informationen zum Alten Ägypten: Chronologie, Götter, Alltag, Totenkult u. a. m.

V: Renate Satzke
Q: umfangreiche Zitate aus antiken Quellen, aber nicht einzeln nachgewiesen
P: opulent bebildert, dabei auch eine umfangreiche Fotogalerie
L: weiterführende Links auch zu Museen und Hochschulen
T: wegen der aufwändigen Illustrationen sind die Ladezeiten recht lang
S: deutsch

Prächtige Präsentation! Für eine Privatinitiative sehr schön! Wichtig auch der Link zum „Kemet Ring“, der ausschließlich Seiten verzeichnet, die mit dem Thema Ägypten zusammenhängen.

**

Egypt World

http://library.thinkquest.org/15924

Prächtiges Online-Museum zur ägyptischen Kultur mit echten interaktiven Elementen.

V: „Team 15924“
P: eindrucksvoll bebildert unter Nutzung der neuesten Technik
M: alle Multimedia-Möglichkeiten werden genutzt
T: deshalb relativ lange Ladezeiten, aber es lohnt sich!
S: englisch

Ein preisgekröntes Projekt! Unbedingt ansehen!

***

*
*
*
U

Die virtuelle Mumie

http://www.uke.uni-hamburg.de/institute/imdm/idv/forschung/mumie/index.de.html

Eine ägyptische Mumie, die sich per Mausklick schrittweise enthüllen lässt.

V: Universität Hamburg
M: sehr schöne Quicktime-Filme
T: lange Ladezeiten – die Quicktime-Movies sind bis über 3 MB groß!
S: deutsch und englisch

Sehr anschaulich! Die Aufnahmen wurden mit einem Computertomographen erzeugt und erlauben sogar Einblicke in den Schädel hinein.

Griechenland

Die meisten Webseiten zu diesem Thema verzichten auf griechische Schriftzeichen. Um diese auf dem Bildschirm darstellen zu können, benötigt man einen entsprechenden Zeichensatz (Font), der unter Windows installiert sein muss. Der Browser bietet den Download selbstständig an, doch sollte man überlegen, ob man dies nicht aus Kostengründen in die Nachtstunden verlegt.

*
U

Richmond Foto Library

http://www.richmond.edu/academics/a&s/classics/photos/index.html

Umfangreiche Sammlung von Fotos aus Griechenland; berücksichtigt werden nicht nur antike Zeugnisse.

V: Uni Richmond
P: sehr viele anschauliche Abbildungen, geordnet nach Städten, zum Ausdruck geeignet
S: englisch

Schöne, reich illustrierte Seite, die aber außer Bildern wenig bietet.

3D Modelling

*

http:/www1.fhw.gr/fhw/en/projects/3dvr/miletus/index.html

3D-Rekonstruktionen wichtiger Fundstätten in Griechenland, dazu archäologische Informationen, z.T. über die Lagepläne anzusteuern.

> V: *Foundation of the Hellenic World, Athen*
> P: *sehr anschauliche 3D-Rekonstruktionen*
> T: *wegen der aufwändigen Illustrationen etwas langatmig*
> S: *überwiegend englisch, Teile (neu)griechisch*

Sehr anschaulich, sehr sehenswert, weniger zum Nachschlagen, aber sehr schön zum Ansehen.

Ancient City of Athens

U

http://www.indiana.edu/~kglowack/athens

Bildersammlung moderner Fotos aus Athen mit Abbildungen der wichtigen Bauten.

> V: *K. Glowacki, Indiana University, Bloomington*
> P: *sehr viele, leider teilweise nur sparsam beschriftete und offensichtlich private Aufnahmen (doch von guter Qualität)*
> S: *englisch*

Wer Bilder aus Athen braucht, kommt hier auf seine Kosten!

Ancient Greek World

*
*
U

http://www.museum.upenn.edu/Greek_World/Intro.html

Digitale Präsentation des Museums zur griechischen Antike, vier Teile: Land and Time, Daily Life, Economy, Religion and Death.

> V: *University of Pennsylvania*
> P: *opulent illustriert!*
> S: *englisch*

Reiche Illustrationen, gute Kommentare: eine Museumspräsentation, wie sie sein sollte!

* * * U

METIS

http://www.stoa.org/metis

Wunderschöne Quicktime-Panoramen von (aktuell 19) historisch bedeutsamen Orten in Griechenland (z.B. Akropolis von Athen, Delphi, zusätzlich Troja). Einige (leider nicht alle) Panoramen sind mit sehr ausführlichen Informationen versehen.

V: *Stoa.org*
P: *sehr schöne Abbildungen, als Thumbnails abrufbar*
M: *aus den Panoramen heraus kann man über Hotspots weitere Details anklicken und bekommt zusätzliche Informationen! Besonders gelungen ist die Akropolis-Seite!*
B: *wissenschaftlicher Standard, alles wird sauber nachgewiesen*
S: *englisch*

Schön anzusehen, ganz prachtvoll, mustergültig! Leider übersieht man als Laie auf manchen Panoramen die Highlights, doch ist zu hoffen, dass alle auf den hohen Standard der Akropolis-Seite gebracht werden.

*

Hellenic Culture

http://www.culture.gr

Opulente Präsentation der antiken Kultur in Griechenland.

V: *Hellenic Ministry of Culture, Griechenland*
P: *sehr schöne Bilder und Karten*
L: *sehr umfangreicher Linkbereich*
T: *teilweise lange Ladezeiten; sehr professionelle und ansprechende Seite*
S: *englisch*

Sehr lohnend! Eine gelungene Präsentation, die aber mehr zum Anschauen als zum Arbeiten anregt.

Rom

Die römische Geschichte ist vor allem durch eine Reihe sehr interessanter Museen vertreten, die neben den üblichen Inhalten auch weiterführende Informationen bieten. Als Websites sehenswert sind die Seiten der Stadt Rom und des Stoa-Projektes über die Trajanssäule!

Imperium Romanum

http://www.romanum.de

Kultur und Geschichte des römischen Reiches, anscheinend von interessierten Laien zusammengestellt.

Q: einige römische Texte (Schullektüre!), meist übersetzt
P: Bildarchiv
S: deutsch

Offensichtlich noch im Aufbau begriffen, doch ist das derzeitige Angebot schon recht attraktiv.

Daily Life in Rome

http://www.uvm.edu/~classics/life/index.html

Sehr schöne Übersicht über das Alltagsleben im Alten Rom mit Informationen zur römischen Geschichte.

V: University of Vermont
P: viele Abbildungen, Fotos, Karten, Skizzen
L: schöne Linksammlung, auch zu eher populären Seiten
T: extreme Ladezeiten!
S: englisch

Sehr nützliche Seite!

*** * U**

*
*
U

De Imperatoribus Romanis

http://www.roman-emperors.org/

Liste der römischen Kaiser von Augustus bis Konstantin XI. (XIII.) Dragases mit Kurzbiographien; Liste antiker Schlachten mit zusätzlichen Informationen, jeweils mit Kartenskizzen (allerdings noch nicht vollständig).

V: *Salve Regina University, Newport, Rhode Island*
Q: *alle Angaben sind vorbildlich belegt. Gekürzt und in englischer Übersetzung ist Sextus Aurelius Victor, Epitome de Caesaribus enthalten*
P: *eindrucksvolle Stemmata der wichtigen Kaiserhäuser, wegen der bunten Gestaltung zum Ausdruck wohl weniger geeignet*
L: *ausführliche Linksliste mit den zentralen Adressen zur Alten Geschichte*
T: *schnörkellos, effektiv*
S: *englisch*

Ganz prima, eignet sich zum schnellen Nachschlagen von Lebensdaten oder Verwandtschaftsverhältnissen; die Informationen zu den Schlachten sind eher etwas für Spezialisten.

*

Monumente und Ausgrabungen in Rom

http://www.comune.roma.it/monumentiantichi

Verweise auf alle (alle!) archäologisch relevanten Bauten Roms mit Fotos und detaillierten Erläuterungen. Enthalten sind Informationen über aktuelle Ausgrabungen und Restaurierungen, Hinweise zu Führungen etc.

V: *Comune di Roma*
P: *unübersehbare Fülle von Abbildungen, darunter aber leider eine ganze Reihe lediglich in Schwarz-Weiß; Vergrößerung nicht möglich*
S: *italienisch, z.T. englisch*

Sehr interessant, aber auch wegen der italienischen Sprache eher für Spezialisten.

Capitolium

http://www.capitolium.org

Ausführliche Informationen über antike Bauten in Rom und über das Leben der Römer (Küchenrezepte, Gesellschaft ...).

V: Comune di Roma
P: besonders interessant sind die Fotos von Ruinenstätten, die sich auf Mausklick in Rekonstruktionszeichnungen verwandeln
M: steuerbare Web-Cams erlauben den Blick auf Kolosseum, Kaiserforen, Trajansforum etc.
S: englisch oder italienisch

Ideal, wenn man wissen will, wie das Wetter in Rom gerade ist! Alles sehr liebevoll, weniger zum Nachschlagen geeignet.

*

Trajan's Column

http://www.stoa.org/trajan

Detaillierte Ansichten der Trajanssäule, sämtliche! Reliefs sind als Skizze abrufbar, die interessanten Details auch in hochauflösenden Fotos, auf denen jede Einzelheit sichtbar ist. Hilfreicher Index!

V: McMaster Trajan Project
P: über 500 Fotos, in jeweils drei Auflösungen abrufbar
T: Navigation etwas gewöhnungsbedürftig und langsam
S: englisch

Prachtvoll! Das muss man gesehen haben!

***
U

*
*

Freilichtmuseum Hechingen-Stein

http://www.villa-rustica.de/index.html

Präsentation des Freilichtmuseums mit Informationen über die römische villa rustica, sehr schön aufgemacht – es ist sogar eine Tour durch die Villa in 27 Stationen möglich, dazu Online-Grabungsberichte, natürlich Angaben zu Öffnungszeiten etc.

V: *Freilichtmuseum Hechingen-Stein*
P: *viele interessante Bilder, die sich vergrößern lassen*
M: *einige Quicktime-Panoramabilder*
S: *deutsch*

So sollte eine Museumsseite sein! Lediglich eine Recherchefunktion fehlt noch.

*
*
U

Limesmuseum Aalen

http://www.uni-tuebingen.de/uni/ymu

Umfangreiche Informationen zum Limesmuseum, zu den dort stationierten Soldaten, Sonderausstellungen, Schriften etc.

V: *Philipp Filtzinger, Uni Tübingen*
P: *zahlreiche Abbildungen – von Zinnfiguren des Museums bis zu animierten Reiterdarstellungen, leider nicht vergrößerbar*
B: *wissenschaftlicher Standard*
T: *Ladezeiten bei einigen Themen ziemlich lang*
S: *deutsch*

Sehr informativ und anschaulich!

Römerstadt Augusta Raurica

http://www.augusta-raurica.ch

Ausführliche Informationen über das Museum und das Leben der Römer in Augst. Enthalten sind sogar Informationen für Lehrer sowie ein Link zu einer von Schülern erstellten „Römerzeitung“ mit vielen kindgerechten Texten und schönen Abbildungen.
(cf. *http://www.gzg.fn.bw.schule.de/lexikon/augst/kaiaugst.htm*).

V: Kanton Basel-Land
P: viele Abbildungen von Funden und Ruinen, Sehenswürdigkeiten von A-Z, virtueller Rundgang
S: deutsch, englisch, französisch

Sehr schön! Eine vorbildliche Museumspräsentation! Unter *http://www.gzg.fn.bw.schule.de/lexikon/augst/kaiaugst.htm* findet man ein vorbildliches Schülerprojekt zu Augst und Kaiseraugst.

Museum Kalkriese

http://www.museumundparkkalkriese.de

Präsentation des Museums am Ort der Varusschlacht.

V: Museum Kalkriese
P: unbrauchbar, da viel zu klein
L: keine weiterführenden Verweise
T: professionell gemacht; leider steht die Form im Vordergrund
S: deutsch

Leider eine recht sparsame Darstellung; man erfährt wenig über die Konzeption des Museums, ein virtueller Rundgang oder eine nähere Beschäftigung mit den Funden sind (noch?) nicht möglich.

*

Legio VIII Augusta

http://home.t-online.de/home/Bernd.Hummel/legiov~1.htm

Webseite der „Interessengemeinschaft experimentelle Archäologie und Geschichtsdarstellung", bestehend aus historischen Informationen vor allem zu Geschichte und Aufbau des Limes (einschließlich einer Karte), aber auch aus Fotos der in römischer Kleidung und Ausrüstung auftretenden „Reenactors" (z.B. von der „Schlacht von Hechingen" im Jahr 2000).

V: Bernd Hummel
P: reich illustriert, dabei viele Abbildungen von Funden und Modellen, die sich aber nicht vergrößern lassen
B: alles sauber belegt
L: umfangreiche und gepflegte Linksammlung
S: deutsch und englisch

Eindeutig eine Amateurarbeit, aber liebevoll, sehr anschaulich und historisch korrekt.

Concangis

http://www.bigwig.net/mcbishop/concangis

Informationen über die Ausgrabungen des römischen Kastells von Concangis (Chester-le-Street) einschließlich Grabungsberichten, Darstellung von Funden, Lageplänen und Rekonstruktionen.

V: Mike Bishop
T: über Hypertext gesteuert, sodass die Links im Text kaum auffallen
S: englisch

Gut; gediegene Information mit vielen Abbildungen.

Mittelalter

Die Faszination mittelalterlicher Phänomene schlägt in zahlreichen Internetauftritten durch, die aber auch mit viel Wohlwollen höchstens als populärwissenschaftlich einzuordnen sind. Das Textkorpus der Mediävisten ist aber immer besser über das Internet erreichbar – schließlich ist es ja seit einigen Jahrhunderten abgeschlossen. Leider dominiert dabei aber die englische Sprache: Übersetzungen sind besser zugänglich als die Originale, und von deutscher Seite ist noch einige Arbeit zu leisten.

Portale

Mediävistik im Internet

http://www.mediaevum.de

Germanistische und lateinische Mediävistik im Internet, Adressen von Forschungseinrichtungen, Archiven, Klöstern u. Ä., Verbindung zu mediävistischen Forschungsprojekten, zusätzlich zahlreiche nützliche Hilfsmittel (z.B. ein mhd. Sonderzeichenfont, Kalender, Wörterbücher, Bibliographien ...)

V: *privates Projekt*
L: *hervorragende Linksammlung, besonders auch zu Quellen im Internet*
T: *einfach, sinnvoll, funktional*
S: *deutsch oder engl.*

Ideale Startplattform, teilweise auch für die Alte Geschichte geeignet.

***

NetSERF

http://www.netserf.org/

Linksammlung – alles zum Mittelalter: Archäologie, Architektur, Kunst, Arthuriana, Recht, Musik, Religion …

V: *Beau A. C. Harbin, Catholic University of America*
L: *über 1100 Links!*
S: *englisch*

Lässt keine Wünsche offen, sehr umfangreich, gut gegliedert und sauber differenziert.

** U

Labyrinth

http://www.labyrinth.georgetown.edu

Zentrales Hilfsmittel zur Geschichte des Mittelalters, geordnet nach Kategorien und Ländern. Einzelthemen sind u.a.: Architektur, Kartographie, Kirchengeschichte, Frauengeschichte, Kreuzzüge, „Arthurian Studies" und vieles mehr.

V: Georgetown University
Q: Wichtige Quellen, teils in der Originalsprache (franz., altengl., span. usw.), häufig aber auch in englischer Übersetzung – erreichbar über „All Categories" – Type of Materials: „Primary Texts", dazu auch Sekundärliteratur.
P: viele Illustrationen über externe Links erreichbar
M: Links zu Audio- und Videosammlungen
L: Unmengen!, dazu noch gut erschlossen
S: überwiegend englisch

Eine der zentralen Linksammlungen zur Geschichte des Mittelalters, gut über eine interne Suchmaschine erschlossen.

Quellen- und Textsammlungen

The Online Medieval and Classical Library

http://sunsite.berkeley.edu/OMACL

Unglaubliche Menge an mittelalterlichen Texten, zwar mit Masse aus England, aber auch viele isländische und mittelhochdeutsche Texte in englischer Übersetzung.

V: Douglas B. Killings, Uni Berkeley
Q: Download möglich
L: knapp, nur auf die wichtigsten Links beschränkt
S: englisch

Ein Traum, auch wenn es etwas merkwürdig ist, z.B. das komplette Nibelungenlied in englischer Übersetzung vorzufinden.

Internet Medieval Sourcebook

http://fordham.edu/halsall/sbook.html

Quellen, Quellen, Quellen!

V: Paul Halsall, Fordham University, New York
Q: leider alles englisch und z.T. gekürzt. Das Spektrum reicht von spätrömischen Quellen über die Kirchenväter, den Islam, die Kreuzzüge bis zur Reformation und umfasst auch Spezialgebiete wie Frauengeschichte, Judentum, Sozialgeschichte
L: integrierte Links zu thematisch verwandten Seiten
S: englisch

Sehr wichtige Seite!

** U

Medieval History, Historians, and Historiography

http://www.littlebohemia.org/history.html

Zahlreiche mittelalterliche Texte in englischer Übersetzung mit Schwerpunkt auf England.

V: Sheila Brynjulfson
Q: vollständig sind u. a. enthalten: Gildas, Nennius, Geoffrey of Monmouth, Exzerpte z.B. von William of Malmesbury; alles sauber mit Anmerkungen versehen
T: etwas undurchschaubare Struktur
S: englisch

Zwar wurde die Qualität der Übersetzungen nicht geprüft, doch scheinen die Texte ganz hilfreich zu sein.

* U

Monumenta Germaniae Historica

http://www.mgh.de

Internetpräsentation der MGH, bestehend aus einer Inhaltsübersicht aller Teile sowie einer Bibliographie. Eine Suchmaschine erschließt das Gesamtwerk.

V: Deutsches Institut für Erforschung des Mittelalters
B: sehr genaue Angaben zu den einzelnen Teilen der MGH
T: rein textorientiert
S: deutsch

Sehr einfach gehalten, leider (noch?) ohne Zugriff auf die eigentlichen Texte. Gut aber zur Suche nach der genauen Fundstelle einer Quelle geeignet.

**

Hansischer Geschichtsverein

http://www.phil.uni-erlangen.de/~p1ges/hgv

Satzung, Vorschau auf Tagungen, Veröffentlichungen (vollständiger Text der Hansischen Umschau ab 1996), erschlossen durch eine Suchmaschine.

V: Hansischer Geschichtsverein
Q: Verweise zu dem komplett eingescannten Band 4 des Hansischen Urkundenbuchs!
L: kurze, aber wichtige Linkliste zu Quellen zur hansischen Geschichte
S: deutsch

Zentral!

The heroic age – a journal of early medieval northwestern europe

http://members.aol.com/heroicage1/homepage.html

Online-Zeitschrift mit wissenschaftlichen Aufsätzen besonders zur Archäologie des frühen Mittelalters.

V: Michelle Ziegler
B: sehr ausführliche annotierte Bibliographie
T: gute Aufbereitung der Artikel im Hypertext
S: englisch

Sehr gut: Enthalten sind auch komplette Artikel, zudem steht eine Suchmaschine zur Verfügung.

Einzelfragen/Byzantinistik

Byzantium

http://www.fordham.edu/halsall/byzantium

Alles zur Byzantinistik: von Kaiserlisten bis hin zu Aufnahmen griechischer Volkstänze!

V: Paul Halsall, Fordham Univ.
P: viele Bilder, z.T. Amateuraufnahmen, aber auch Reproduktionen von Kunstwerken
M: mehrere Musikbeispiele (Tänze, religiöse Gesänge)
B: gute Auswahlbibliographie
L: umfangreiche Linkliste
S: überwiegend englisch

Zentral für die Byzantinistik!

* U

Selbst wenn man die Internetauftritte selbst ernannter Hexen abzieht, bleiben doch einige interessante Anlaufstellen übrig, die aber doch meist aus der Sympathisantenszene stammen und deshalb mit Vorsicht zu genießen sind.

!!

Hexen

http://www.klammeraffe.org/~brandy/hexen/prozess.html

Ziemlich unkritische Sammlung von Daten und Fakten zur Hexenverfolgung. Interessant: der „Hexengarten“ mit Informationen zu Heil- und Giftpflanzen, die im Zusammenhang mit dem Hexenglauben stehen (einschließlich Warnhinweisen bezüglich Selbstversuchen), Verbindung zu „modernen Hexen“.

V: *Dubios!*
Q: *Malleus Maleficarum in Auszügen (engl.), aber mit vollständigem Inhaltsverzeichnis*
S: *deutsch und englisch*

Problematisch, aber einige interessante Details.

Hexenwahn im Mittelalter

http://www.hexenwahn.ch

Text zur Hexenverfolgung, unkritisch.

V: *Rolf Strasser, Evangelische FernBibliothek*
T: *reiner Text*
S: *deutsch*

Einfache Darstellung wichtiger Abläufe.

Einzelfragen/Wikinger

Auch die Wikinger sind im Internet in stattlicher Anzahl vertreten. Grund dafür ist das Engagement einiger Liebhaber, die der Reenactor-Szene zuzurechnen sind und sich in ihrer Freizeit als Nordmänner und -frauen verkleiden. Mag man über diesen Zugang auch lächeln, der Ertrag dieses Hobbys kann sich manchmal wirklich sehen lassen. Übrigens sind auch ernsthafte Wissenschaftler nicht völlig vor solchen Anwandlungen sicher. Die Sammelwut und der Arbeitseifer dieser Leute hat zu einigen informativen und sauber recherchierten Webseiten geführt, auf denen auch Erträge seriöser Forschung verarbeitet werden. Man sollte sich durch die abgebildeten Gestalten in Bärenfell und mit Hörnerhelm also nicht abschrecken lassen! Gelegentlich tauchen in den Linksammlungen auch Verzweigungen zu germanophilen Blut- und Boden-Seiten auf, doch entlarven sich diese meist selbst.

World of Vikings

http://www.pastforward.co.uk/vikings

* K

Erschöpfend zu allen Fragen bezüglich der Wikinger.

V: Past Forward Ltd.
Q: wichtige Quellen über Links erreichbar – meist in der Originalsprache (z.B. isländisch)!
L: Links zu Museen, Archiven, Forschungsgruppen, Runologen, Reenactors und zum Fachhandel für Wikingerbedarf
S: englisch, Verzweigungen meist in den skandinavischen Sprachen

Lässt kaum Wünsche offen, wenn man sich für Wikinger interessiert, inhaltlich jedoch stark durchmischt.

*

Jorvik Viking Centre

http://www.jorvik-viking-centre.co.uk

Online-Präsentation des nicht unumstrittenen Wikingermuseums in York.

V: Jorvik Viking Centre
P: viele Abbildungen, auch von den eher populären Veranstaltungen (Reenactments)
S: englisch

Sehr stark werbend, wissenschaftliche Auseinandersetzung allenfalls am Rande, aber sehr schön gemacht.

*
!

The Viking Network Web

http://viking.no

Links zu allen möglichen Wikinger-Themen, darunter sinnvollen wie z.B. Ortsübersichten, aber auch zahlreichen populären Seiten.

L: zu Museen, archäologischen Fundstätten, Indizes historisch orientierter Webseiten
S: englisch, Verzweigungen in nordischen Sprachen

Durchwachsen! Erheblicher Anteil unwissenschaftlicher oder sogar problematischer Seiten!

Einzelfragen/Varia & Curiosa

Willkommen im Mittelalter!

http://www.tu-harburg.de/~vbp/docs/medi.html

Ursprünglich eine auf Fantasy-Rollenspiele bezogene Webseite, die aber um viele seriöse (aber auch unseriöse) Links erweitert wurde. Sehr umfangreiche Link-Liste, viele spielerische Dinge, die sich gut für die Veranschaulichung im Unterricht nutzen lassen.

Q: über kommentierte Links
T: sehr bunt
S: deutsch

Bunt gemischt, für jeden etwas, deshalb auch manchmal für manche nichts.

Medieval Siege

*

http://www.pbs.org/wgbh/nova/lostempires/trebuchet

Simulation eines mittelalterliches Belagerungsgeräts; enthält u. a. Schussversuche mit einem rekonstruierten Trebuchet, ein kleines Computerspiel zur Ballistik eines solchen Werfers, weitere sehr anschaulich aufbereitete Informationen auch zum Leben auf einer Burg.

V: Nova online
M: sehr schöne Animationen!
S: englisch

Verspielt und populärwissenschaftlich, einfach niedlich! Die Nova-Homepage ist jedenfalls einen Besuch wert!

Neuzeit

Leider ist die Zeit zwischen den Rittern und den großen Kriegen unseres Jahrhunderts nur schwach im WWW vertreten.

The Napoleonic Wars Ring

http://nav.webring.yahoo.com/hub?ring=bonaparte&list

Links zu Themen bezüglich der Napoleonischen Ära, vorwiegend der kriegerischen Ereignisse.

V: Yahoo
L: etwa zwei Dutzend
S: englisch, einzelne Seiten in den Landessprachen

Links auch zu Sammlungen von Abbildungen z.B. Napoleons und seiner Familie, aber mit Schwerpunkt zu Zinnfigurensammlern, Wargamern und Reenactors.

Napoleon.Web

**

http://www.napoleon-web.de/napoleon.htm

Seite eines „Wargamers", der Hintergrundinformationen zu in der napoleonischen Zeit angesiedelten Strategiespielen bietet.

V: Norbert Weise
B: umfangreiche kommentierte Bibliographie, die leider nicht nach wissenschaftlichem Standard verfährt
P: reich illustriert
L: gut durch Karten und weiterführende Links erschlossen
S: deutsch

Gar nicht schlecht; gut strukturiert und sachlich tadellos.

Napoleon Bonaparte

http://www.napoleon1er.com

Napoleon-Fan-Seite, sehr vielfältig.

Q: *wichtige Briefe und andere Dokumente in vier Sprachen, aber offensichtlich eine eigene Übersetzung*
P: *reich illustriert*
L: *Linksammlung („Liens")*
T: *verspielt*
S. *französisch, englisch, spanisch, russisch, teilweise auch deutsch*

Unkritische Heimarbeit eines Napoleon-Verehrers, aber reichhaltig.

The Victorian Web

http://landow.stg.brown.edu/victorian/victov.html

Umfangreiche Webseite über Literatur, Geschichte und Kultur im viktorianischen Zeitalter.

V: *George P. Landow, Brown University*
P: *Illustrationen zu den einzelnen Themen, meist vergrößerbar und für den Ausdruck geeignet*
S: *englisch*

Umfangreich, gute und umfassende Informationen auf wissenschaftlichem Niveau, zu dem Thema wohl ultimativ.

** U

U

18th Century History

http://www.history1700s.com

Umfangreiche Seite, die sich nicht nur mit dem 18. Jahrhundert befasst.

V: Rick Brainard, Emporia State University
L: sehr komplex verlinkt, über 700 Webseiten!
T: ansprechend und recht einfach
S: englisch

Die Links sind von unterschiedlicher Qualität, die Seite insgesamt stark aus US-Blickwinkel gestaltet und deshalb fachwissenschaftlich besonders bei europäischen Themen nicht unangreifbar.

Deutscher Nationalstaat (1815–1871)

http://gurukul.ucc.american.edu/DSHEP/nationstaat.html

Einfache Stichwörterliste zur deutschen Geschichte im 19. Jahrhundert.

V: Dave Shepherd, American University, Washington DC
L: sehr simpel, teilweise „Billigverweise" (z.B. zu Yahoo bei Karl Marx)
S: Stichwortliste deutsch, Begleitinfos englisch

Stark auf Prof. Shepherds Lehrveranstaltungen zugeschnitten.

*
*
U

H-German

http://h-net2.msu.edu/~german

Diskussionsforum zur deutschen Geschichte seit dem 19. Jahrhundert mit interessantem Textarchiv („G-Text"), Rezensionen, Stellenangeboten.

V: H-Net
Q: zahlreiche Quellen im Textarchiv – von der „Internationalen" bis zu Goebbelsreden, meist auf englisch, mit ausführlichen Quellenangaben
L: große Linksammlung
S: englisch

Besonders interessant die Diskussionsforen zu aktuellen Themen („Wehrmacht Exhibit", „Postmodernism"). Eine wichtige Seite!

Für die Freiheit streiten 1848/49 – 1998/99

http://www.revolution1848-1849.de

Materialien zur 1848er Revolution anlässlich der Jubiläumsfeiern, angefangen bei Quellen und Datentabellen bis hin zu Veranstaltungshinweisen usw.

V: Kooperation von ZKM-Karlsruhe, Badischem Landesmuseum, Haus der Geschichte Baden-Württemberg, Landesmuseum für Technik und Arbeit, Technologieregion Karlsruhe
Q: zahlreiche Quellen
B: gute Literaturliste
P: viele zeitgenössische Darstellungen
S: deutsch

Nettes Sammelsurium, sehr werbend, aber inhaltlich in Ordnung.

The Siege and Commune of Paris, 1870–1871

* U

http://www.library.nwu.edu/spec/siege

Enorm reichhaltige Sammlung von Materialien zum Deutsch-Französischen Krieg 1870/71 und natürlich vor allem zur Pariser Commune.

V: Charles Deering McCormick, Northwestern University Library
Q: viele Quellen, darunter 68 Zeitungsberichte
P: reich illustriert, über 1200 Fotos, 1500 Karikaturen, 1000 zeitgenössische Darstellungen
L: sparsam
S: englisch

Die Seite zum Thema, sauber recherchiert; die Materialfülle erschlägt einen fast.

Das 20. Jahrhundert

Die in großer Zahl zur Verfügung stehenden Medien haben den Aufbau einiger ganz hervorragender Seiten ermöglicht! Sicher ist auch die Nachfrage in diesem Zeitabschnitt besonders hoch.

***

LeMO

http://www.dhm.de/lemo

„Lebendiges virtuelles Museum Online" – ein virtueller Gang durch das 20. Jahrhundert.

V: *Deutsches Historisches Museum, Haus der Geschichte und Fraunhofer Institut für Software und Systemtechnik*
Q: *umfangreiches Textarchiv*
P: *zahlreiche Abbildungen, Karten, Faksimiles ...*
M: *Tondokumente, vor allem Reden*
L: *intern sehr umfassend verlinkt*
T: *großartig, aber leider lange Ladezeiten*
S: *deutsch*

Ein beeindruckendes Projekt unter Ausnutzung aller Möglichkeiten, die das Internet bietet. Allerdings setzt es auch modernste Technik beim Anwender voraus, weshalb mit einem Standard-PC und -Modem Einschränkungen hingenommen werden müssen.

Erster Weltkrieg

Chronology of the First World War

http://www.oucs.ox.ac.uk/humanities.old/rose/chron.html

Bestandteil eines dem Dichter Isaac Rosenberg gewidmeten „virtuellen Seminars" mit recht ausführlicher Chronologie.

V: *Oxford University*
P: *die Abbildungen beziehen sich überwiegend auf Rosenberg*
S: *englisch*

Die Chronologie ist nützlich, wird aber nicht mit weiterführenden Informationen ergänzt: dass Bullecourt am 16. 5. 1917 von britischen Truppen eingenommen wurde, hilft nur dem Spezialisten weiter!

World War I – Trenches on the Web

*

http://www.worldwar1.com

Sehr umfangreiche, stark auf Abbildungen konzentrierte Seite, überwiegend mit kriegerischer Thematik.

V: *Mike Avarone*
Q: *einige Quellen, u. a. Faksimiles, die aber nicht vergrößert werden können*
P: *Fotos und Kunstdrucke, überwiegend mit Schlachtenthematik, teils kommentiert*
L: *umfangreiche Linksammlung*
T *sehr langsamer Seitenaufbau, Struktur gewöhnungsbedürftig*
S: *englisch (Übersetzung mit „Babelfish" möglich)*

Interessant, aber sehr bunt gemischt! Für den ersten Zugriff empfiehlt sich die Übersicht (unter „Reference Library"). Die gesamte Webseite wird auch auf CD für den Einsatz in der Schule angeboten.

W W I, The World War I Documents Archive

***
U

http://www.lib.byu.edu/~rdh/wwi/

Texte aller Art, Erinnerungen, Zeitzeugen, biographisches Handbuch, Archivbilder, vieles mehr!!!

V: *Brigham Young University*
Q: *Quellentexte, darunter auch Memoiren*
P: *reichhaltiges Bildarchiv (rund 2000 Fotos!)*
L: *umfangreiche Linksammlung*
T: *gut gegliedert und durchdacht, chronologisch geordnet*
S: *englisch*

Sehr ausführliche, gut gegliederte Seiten! Zentral!

* K

Hellfire Corner

http://www.fylde.demon.co.uk/welcome.htm

Interessante Privatinitiative mit kommerziellem Touch.

V: Tom Morgan
Q: zahlreiche Kriegsbriefe, aber auch wissenschaftliche Abhandlungen, vorwiegend über Einzelpersonen
P: viele Fotos
S: englisch

Stark aus englischem Blickwinkel, z.T. hart an der Grenze zum Heldenkult; die persönlichen Zeugnisse der Kriegsteilnehmer sind sehr eindringlich. Enthalten sind sogar Vorschläge für Reisen auf die Schlachtfelder.

Weimarer Republik

Gemessen an den vielen martialischen Webseiten über die beiden Weltkriege ist die Zwischenkriegszeit erstaunlich schwach vertreten: Der Webkatalog Yahoo bringt in seiner amerikanischen Fassung lediglich Seiten zum „Hindenburg disaster“, auf deutscher Seite Materialien zu den Wahlen.

* U

Weimarer Wahlen

http://weimarer-wahlen.de

Von der Volkswagenstiftung gefördertes Projekt zur kartenbasierten Darstellung der Reichstagswahlergebnisse.

V: Uni München
P 3D-Kartendarstellungen mit den jeweiligen Wahlergebnissen und Hilfen zur Interpretation
T: umfangreiche Hinweise zu technischen Voraussetzungen; die Karten lassen sich auch gepackt herunterladen, um sie offline in Ruhe betrachten zu können
S: deutsch

Sehr schöne Kartendarstellungen, thematisch allerdings noch auf zwei Beispiele beschränkt.

Nationalsozialismus und Zweiter Weltkrieg

Hier ist das Angebot unüberschaubar groß; die vielen rein militärischen Webseiten wurden nicht aufgenommen.

TeacherNet: World War II

http://members.aol.com/TeacherNet/WWII.html

Linkverzeichnis zu ausgewählten Seiten unterschiedlicher Thematik, die vor allem auf das Informationsbedürfnis in den USA abgestimmt sind.

L: viele hundert Links, ordentlich aufgelistet und leicht zu finden
T: einfach, übersichtlich, textorientiert
S: englisch

Eine sehr hilfreiche Seite, die nicht nur zum Zweiten Weltkrieg umfangreiche Materialien bereitstellt. Die Homepage ist unter *http://members.aol.com/TeacherNet* erreichbar. Leider ist die Qualität der aufgelisteten Seiten nicht immer für den Gebrauch im Unterricht angemessen.

**

U

World War II Historical Text Archive

http://historicaltextarchive.com

Bunt gemischte Beiträge zum Thema: Berichte, Bilder, Soundbeispiele, Kunst ...

V: Don Mabry
L: viele, aber überwiegend mit kommerziellem Hintergrund
S: englisch

Einige interessante Links, aber weder eine erkennbare Struktur noch eine qualitative Auswahl.

Beutekunst Bibliographie

http://www.ib.hu-berlin.de/~pbruhn/b-kunst.htm

Deutsch-russisches Projekt einer Bibliographie zur Beutekunst.

V: *Peter Bruhn, HU Berlin*
B: *sehr genaue bibliographische Angaben*
L: *zu den Koordinierungsstellen der einzelnen Länder*
T: *einfach, kleine Schrift, Listentext*
S: *deutsch oder russisch*

Gibt einen guten Eindruck vom Ausmaß der Verluste.

A-Bomb WWW Museum

http://www.csi.ad.jp/ABOMB

Ausführliche Informationen über die Atombomben und ihren Einsatz mit Schwerpunkt auf Hiroschima.

V: *Mitsuru Ohba (Project leader)*
B: *umfangreiche Bibliographie („related work“)*
Q: *zahlreiche Texte: Berichte von Zeitzeugen, Informationen über den Friedenspark, Stellungnahmen moderner Politiker*
S: *englisch*

Sehr ausführliche Dokumentation aus japanischem Blickwinkel.

Atomic Bomb: Decision

http://www.dannen.com/decision

Dokumente über Entwicklung und Einsatz der Atombombe.

V: *Gene Dannen*
Q: *zahlreiche Texte*
L: *gute Sammlung*
S: *englisch; die deutsche Übersetzung durch Altavista ist abenteuerlich*

Informative Texte, sehr umfangreich!

Looted Art

http://www.beutekunst.de

Informationen zur „Beutekunst“, hier zunächst die Verluste aus Museen Sachsen-Anhalts einschließlich der Möglichkeit zum Abonnement eines Newsletters.

V: Pilotprojekt für Verluste Sachsen-Anhalts
P: Abbildungen einiger gesuchter Objekte
T: einfach, wenig übersichtlich
S: deutsch

Eine interessante Zusammenstellung der Kriegsverluste, die auch auf „Beutekunst“ aus anderen Ländern eingeht, noch deutlich ausbaufähig.

World War Two in Europe

http://www.historyplace.com/worldwar2/

Knappe Linkliste mit Verweisen auf eine Hitler-Biographie, zu einer Chronologie des Zweiten Weltkrieges, Biographien einzelner NS-Größen, zum Holocaust und zur Hitlerjugend.

V: The Historyplace.com
Q: neben den Textquellen auch Tondokumente im Realplayer- und Realaudio-Format
P: reich illustriert
T: einige Tondokumente, z.B. ein Ausschnitt aus Hitlers Reichstagsrede vom 30. 1. 1939
S: englisch

Leider weder bibliographische Angaben noch weiterführende Links.

AKENS – Arbeitskreis zur Erforschung des Nationalsozialismus in Schleswig-Holstein e. V.

http://www.theo-physik.uni-kiel.de/~starrost/akens.html

Texte und Materialien, Infos zu Veranstaltungen.

V: AKENS e. V.
Q: Texte zum Nationalsozialismus, Sekundärliteratur u. a. m.
T: sehr einfach, textlastig
S: deutsch

Zentrale Anlaufstelle zur NS-Geschichte in Schleswig-Holstein, zur Nachahmung in anderen Bundesländern empfohlen. Leider keine weiterführenden Links.

World War Two Website Association

http://www.ww2wa.com

US-amerikanischer Webring zur Geschichte des Zweiten Weltkrieges mit deutlichem Schwerpunkt auf Waffen und Ausrüstungen, aber auch sinnvolleren Aspekten.

V: World War Two Website Association
P: reichhaltig!
T: zum Teil sehr lange Ladezeiten
S: englisch, Verzweigungen in den jeweiligen Landessprachen

Typische Mischung! Nach den Perlen muss man suchen!

Holocaust

Dieses wichtige Thema ist durch eine ganze Reihe empfehlenswerter Webseiten gut erschlossen, es gibt reichlich Materialien auch zum Download. Allerdings ist auch der Anteil wenig ergiebiger Seiten groß.

The Holocaust

http://history1900s.about.com/homework/history1900s/library/holocaust/blholocaust.htm

Informationen zu Todeslagern, Opfern, Tätern, Ereignissen.

L: Links zu Holocaust-Themen
P: textorientiert
S: englisch

Sehr guter Einstieg in die Thematik!
Einfacher erreichbar über *http://history1900s.about.com*, dann auf den Link „Holocaust" klicken.

**
**

The Holocaust History Project

http://www.holocaust-history.org

Annotierte Sammlung von Essays und Materialien zum Holocaust.

V: Holocaust History.org
Q: Texte zum Holocaust, u. a. Teile der Gerichtsprotokolle des Nürnberger Prozesses
P: Bildarchiv
T: einfach und übersichtlich; lange Ladezeiten
S: englisch

Eine Fülle wichtiger und nützlicher Texte!

**
**

**

ShoaNet

http://shoanet.hbi-stuttgart.de/shoan.htm

Das „deutschsprachige Informationsangebot zum Holocaust“ mit umfassendem Glossar, Kurzbiographien, Statistiken und einer Chronologie.

V: *Bettina Brenner, FH Stuttgart*
L: *umfassende Linksammlung zum Holocaust*
T: *recht professionell und ansprechend, übersichtlich*
S: *deutsch*

Sehr gute Seite mit breitem Info-Angebot und detaillierter Linkliste!

K

Cybrary of the Holocaust

http://remember.org

Elektronische Buchhandlung zum Thema Holocaust.

V: *ABE - Alliance for a Better Earth (kommerziell)*
P: *kurze Werbung für die zu verkaufenden Bücher und Materialien*
T: *etwas unübersichtlich*
S: *englisch*

Außer der Bestellfunktion kaum nutzbar.

U

Auschwitz and the „Final solution of the Jewish Question"

http://www.wsg-hist.uni-linz.ac.at/Auschwitz/HTML/Endloesung.html

Ausführliche Informationen zum Thema „Endlösung“.

V: *Uni Linz*
L: *Hypertext mit einigen Nebenseiten, keine weiterführenden Links*
T: *textorientiert, sehr einfach aufgebaut*
S: *englisch*

Es fehlen Quellenangaben!

Auschwitz Alphabet

http://www.spectacle.org/695/ausch.html

Mit dem Holocaust in Verbindung stehende Begriffe werden kurz erläutert.

!

V: *Jonathan Blumen*
B: *kurze bibliographische Angaben*
L: *alphabetisch angeordnete Links*
T: *sehr bunt und populär gestaltet*
S: *englisch unter Verwendung der deutschen NS-Terminologie*

Höchst fragwürdige Art der Aufbereitung, der Thematik kaum angemessen!

An Excursion to Auschwitz

http://www.wsg-hist.uni-linz.ac.at/Auschwitz/HTML/Vorwort.html

Virtueller Rundgang durch die KZ-Gedenkstätte Auschwitz.

V: *Studenten der Uni Linz*
P: *sehr gute, persönliche gehaltene Fotos einer Exkursion, vergrößerbar*
T: *Ladezeiten sehr lang*
S: *englisch*

Recht eindrucksvolle Arbeit von 45 Studenten! Der virtuelle Rundgang eignet sich besonders zur Vorbereitung eines eigenen Besuchs. Leider fehlen Quellenangaben und Bibliographie zu den verwendeten Texten.

Schindler's List Teaching Guide

http://www.tulane.edu/~so-inst/slindex.html

Unterrichtshilfen zum Thema „Holocaust“ am Beispiel Oskar Schindlers.

V: Southern Institute for Education and Research
P: textorientiert
S: englisch

Verwendete Texte werden nicht nachgewiesen, es gibt weder bibliographische Hilfen noch weiterführende Links. Ziemlich unkritisch!

*

The Nizkor Project

http://www.nizkor.org

Jüdisches Netzwerk zum Holocaust mit allgemeinen Informationen, Biographien und zur Überwachung von aktuellen Rechtsextremismen in aller Welt.

V: Nizkor Project
Q: FTP-Archiv mit Informationen über Rechtsextremismus
L: wegen der Vollständigkeit des Netzwerks erübrigen sich weiterführende Links
T: einfach, gut strukturiert
S: englisch

Wichtige Seite zum Thema Judenverfolgung und Rechtsradikalismus.

*

KZ-Gedenkstätte Dachau

http://www.kz-gedenkstaette-dachau.de

Offizielle Seite der KZ-Gedenkstätte mit umfangreichen Informationen zum Lager und den dort inhaftierten Menschen.

V: KZ-Gedenkstätte Dachau
P: einige Fotos, vergrößerbar
B: leider nur Hinweise auf die Bibliothek
L: zu weiteren Gedenkstätten
S: deutsch

Technisch sehr gute Seite!

Zum Beispiel Dachau

http://zbdachau.onlinehome.de

Die „Arbeitsgemeinschaft zur Erforschung der Dachauer Zeitgeschichte e. V." stellt Quellen aller Art ins Netz, darunter Akten, Filme, Interviews mit Zeitzeugen, und informiert über Tagungen und Publikationen.

V: *Verein „Zum Beispiel Dachau"*
P: *zahlreiche Abbildungen, darunter auch als „virtueller Rundgang" viele Fotos der Gedenkstätte*
B: *weiterführende Literatur (mit Schwerpunkt auf Standardwerken und eigenen Publikationen)*
L: *vorwiegend zu anderen Gedenkstätten*
S: *deutsch*

Unprätentiöse, solide Seite!

KZ Auschwitz

http://www.auschwitz-muzeum.oswiecim.pl

Offizielle Seite der Gedenkstätte mit ausführlicher Geschichte des KZ und vielen Hinweisen.

V: *Museum Auschwitz*
P: *umfangreiche Fotobibliothek, allerdings überwiegend moderne Aufnahmen des KZ-Geländes*
B: *Publikationsverzeichnis*
L: *in sich geradezu vorbildlich verlinkt!*
S: *polnisch und englisch*

Sehr anschaulich! Wenn eine Internetseite einen Besuch am Originalschauplatz überhaupt ersetzen kann, ist diese recht nahe dran!

***

Yad Vashem

http://www.yadvashem.org

Präsentation der Gedenkstätte und ihrer wissenschaftlichen Einrichtungen einschließlich grundlegender Informationen zum Holocaust und damit zusammenhängenden Themen. Interessant der FAQ-Bereich!

V: *Yad Vashem – The Holocaust Martyrs' and Heroes' Remembrance Authority*
P: *reich illustriert, vor allem in den „Online Exhibitions"*
B: *umfangreiche Bibliographie*
T: *vorbildlich!*
S: *englisch und hebräisch*

Beeindruckend und bedrückend. Leider ist ein direkter Zugriff auf die „Seiten des Zeugnisses" mit Berichten über die Einzelschicksale der Opfer nicht möglich, wohl aber auf die „Gerechten unter den Völkern". Hier kann online recherchiert werden!

US Holocaust Memorial Museum

http://www.ushmm.org

Überaus umfangreiche Seite, die neben Informationen über das Museum selbst eine Fülle von Quellen, Abbildungen und Hinweisen zum Holocaust enthält.

V: *US Holocaust Memorial Museum*
Q: *Recherche im Archiv möglich, leider aber kein direkter Zugriff auf die Dokumente*
P: *viele Abbildungen, die sich direkt ausdrucken, aber leider nicht vergrößern lassen. Besonders sehenswert: die „online-Exhibitions"*
B: *sauber nach wissenschaftlichem Standard belegt; Bibliothek mit Online-Katalog*
T: *vorbildlich; enthalten ist sogar eine interne Suchmaschine*
S: *englisch*

Sehr eindrucksvoll! Besonders nützlich: der Zugang zum Bild- und Dokumentenarchiv des Museums.

Nach 1945

Cold war hot links

http://www.stmartin.edu/~dprice/cold.war.html

Linkliste zum „Kalten Krieg".

V: David Price, St.Martins College Lacey, Washington
L: einfache, kaum geordnete Linkliste
S: englisch

Als Linkliste gut, grafisch und methodisch aber schlecht aufgebaut.

Der 13. August 1961

http://www.august1961.de

Umsetzung einer SED-Broschüre: Apologie des Mauerbaus.

V: Stefan Dreßler, IIU Berlin
Q: DDR-Broschüre der SED-Kreisleitung Berlin Mitte, Abteilung Agitation und Propaganda
P: Originalabbildungen aus der Broschüre
T: professionell gestaltet, grafisch einfach, aber gut aufbereitet
S: deutsch

Interessanter Versuch der Präsentation einer Quelle.

U

The Berlin Wall 1961–1989

http://www.uncg.edu/~lixlpurc/GIP/berlin_wall.html

Linkliste zum geteilten Berlin, dabei weltweite Verweise sowie einige (von Studenten) selbst gestaltete Seiten.

V: University of North Carolina, The German Internet Project, Andreas Lixl
P: einige Abbildungen
L: reiche, aber nicht perfekt gepflegte Linksammlung
S: englisch und deutsch

Leider kein übersichtlicher und umfassender Überblick.

*

Glasnost Informationssystem DDR deutsche Einheit

http://glasnost.glasnost.de/hist/verein/verein.html

Sehr umfangreiches Archiv zur deutsch-deutschen Geschichte.

V: Glasnost Informations- und Dokumentationssysteme Berlin
Q: sehr viele Textquellen, z.B. der vollständige Verfassungsentwurf des „Runden Tisches“ (110 KB)
P: leider kaum illustriert
B: genaue Angaben, wissenschaftliches Niveau
T: einfach
S: deutsch

Sehr schöne Seite, aber etwas trocken; Kategorien sind teilweise schwammig.

Der deutsche Bundestag

http://www.bundestag.de

***

Überaus gelungene Online-Präsentation des Bundestages.

V: Deutscher Bundestag
P: Fotos aller Abgeordneter
M: Multimedia-Archiv, FTP-Download, Real-Player
L: Links zu den Parteien und Politikern
T: Up to date!
S: deutsch

Riesiges Multimedia-Archiv, Bestellmöglichkeit der verschiedensten Publikationen des Bundestages, Diskussionsforen, Download-Archiv von Sitzungsprotokollen etc.

Teildisziplinen

Kirchen- und Religionsgeschichte

Christliche Kirchen und Gemeinschaften

* U

Hypertext Encyclopedia of Early Church History

http://cedar.evansville.edu/~ecoleweb

Umfangreiche Sammlung von Dokumenten, Volltext-Artikeln aus wissenschaftlichen Zeitschriften und Karten zur Geschichte der frühen Christen; als Hilfsmittel sind Zeittafeln und ein Glossar enthalten.

V: Universität Evansville, IN
Q: Übersetzungen jüdisch-christlicher und islamischer Quellen bis 1500 in ungeheurer Menge!
P: Links zu einer großen Zahl von Abbildungen, darunter viele Buchmalereien
L: integriert, keine separate Sammlung
S: englisch

Bemerkenswerte Materialfülle, sauber erschlossen und belegt.

Teutonic Order of Holy Mary in Jerusalem

http://www.ChivalricOrders.org/vatican/teutonic.htm

Kurzer Abriss der Geschichte des Deutschen Ordens.

V: Guy Stair Sainty
Q: sauber belegt
P: rein textorientiert
S: englisch

Rascher Zugriff auf die wichtigsten Daten der Ordensgeschichte.

New Advent

http://www.newadvent.org

Katholische Webseite mit sehr interessanten Möglichkeiten: Es besteht Zugriff auf die Online-Volltextausgabe der „Catholic Encyclopedia" (1908–1917) mit vielen guten biographischen Artikeln (darunter eine aktualisierte komplette Papstliste, jeweils mit Kurzbiographie), einer umfangreichen Sammlung von Texten der Kirchenväter und mehr.

V: *Kevin Knight, New Advent*
Q: *Texte der Kirchenväter; zahlreiche Quellen in der „Catholic Encyclopedia"*
L: *Links vom Vatikan bis zu katholischen Ehevermittlungsinstituten*
T: *sachlich und ohne Schnörkel, allerdings mit Werbung für Publikationen*
S: *englisch*

Sehr solide; eine sehr nützliche Seite nicht nur zur Theologie und Kirchengeschichte!

Sovrano Militare Ordine di Malta

http://www.smominfo.org/history

Geschichte und Organisation des Malteserordens mit Selbstdarstellung.

V: *Souveräner Malteserorden*
S: *u. a. auch deutsch*

Umfangreiche Informationen vorwiegend zu dem heutigen Erscheinungsbild des Ordens, aber auch zu seiner Vergangenheit.

Evangelische Fernbibliothek Textarchiv

http://www.efb.ch/archdok.htm

Sammlung unterschiedlicher Texte.

V: *Evangelisch-sozialer Bibliotheksverein, Wetzikon ZH*
Q: *Texte zur evangelischen Bewegung vor allem in der Schweiz, zu den Kreuzzügen, zur Reformation, darunter einige Quellen und der Philemon-Brief auf Schweizerdeutsch*
S: *deutsch*

Die Texte, meist von Rolf Strasser verfasst, sind qualitativ ziemlich gemischt und häufig nicht ganz tendenzfrei.

Judentum

Jewish Culture and History

http://www.igc.apc.org/ddickerson/judaica.html

Portal zu Themen der jüdischen Religion, Geschichte und Kultur, sehr umfangreich, kommentiert, Zugang zum Jewish History Ring.

V: *David Dickerson*
M: *einige Soundbeispiele, z.B. Schofar*
T: *sehr bunt und anschaulich!*
S: *englisch*

Umfassender Einstieg!

*** ***

Medieval Judaism

http://www.ucalgary.ca/~elsegal/RelS_365/365_Index.html

Materialien zu einer Lehrveranstaltung: mittelalterliche jüdische Philosophie, Kabbalah – u.a. werden die zehn Sefirot sehr anschaulich erläutert.

V: *Eliezer Segal, Univ. Calgary*
B: *umfangreiche Bibliographie*
L: *Links über Hypertext*
T: *sehr umfangreich, vielfach verzweigt*
S: *englisch*

Sehr speziell, aber anschaulich.

U

Juden der mittelalterlichen Stadt Dortmund

http://www.uni-duisburg.de/FB1/GESCHICHTE/Juden.html

Aufsatz aus: „Beiträge zur Geschichte Dortmunds und der Grafschaft Mark“ 85/86 (1994/95) S. 57–84.

V: *Torsten Fremer und Ingo Runde, Uni Duisburg*
S: *deutsch*

Ein Beispiel für die Online-Publikation eines wissenschaftlichen Aufsatzes, leider ohne Fußnoten.

Rechts- und Verfassungsgeschichte

Hier finden sich zum Teil sehr nützliche Volltext-Datenbanken, die jedoch auf die Bedürfnisse von Juristen und Rechtshistorikern zugeschnitten sind. Einige davon sind sehr professionell gestaltet und erlauben raschen Zugriff auf wichtige Rechtsquellen.

** U

The Avalon Project

http://www.yale.edu/lawweb/avalon/avalon.htm

Archiv zur Rechtsgeschichte.

V: Yale Law School
Q: zentrale Quellen der amerikanischen und europäischen Rechtsgeschichte in englischer Sprache (Atlantik-Charta, Balfour-Deklaration und sehr viele andere!), thematisch und chronologisch gut erschlossen
B: umfangreiche Bibliographie
T: Verzicht auf Schnickschnack, sehr sachlich
S: englisch

Überaus umfangreich, sehr hilfreich, wenn auch mit deutlichem Schwerpunkt auf dem angelsächsischen Sprachraum.

U

Ius Romanum

http://www.jura.uni-sb.de/Rechtsgeschichte/Ius.Romanum/deutsch.html

Texte zur römischen Rechtsgeschichte.

V: Saarbrücker juristisches Internetprojekt, Uni Saarbrücken
Q: Teile des Corpus Iuris einschließlich Glossen in lateinischer Sprache
S: deutsch, lateinisch, englisch, italienisch

Sehr spezielle Textsammlung.

Deutsches Rechtswörterbuch

http://www.uni-heidelberg.de/institute/sonst/adw/drw/index.html

Internetversion des Deutschen Rechtswörterbuches, Informationen zur Forschungsstelle, Publikationen, Textcorpora usw.

V: Forschungsstelle der Heidelberger Akademie der Wissenschaften
P: einige Faksimiles juristischer Literatur
L: Rechtswörterbuch über Links erreichbar
S: deutsch

Nützlich!

U

Wirtschaftsgeschichte

Neben den Selbstdarstellungen großer Firmen, die häufig auch einen kurzen, natürlich nicht immer wertfreien Abriss ihrer Vergangenheit enthalten, ist die Wirtschaftsgeschichte insgesamt nur schwach im WWW vertreten.

Gesellschaft für Unternehmensgeschichte e. V.

http://www.unternehmensgeschichte.de

Selbstdarstellung der Gesellschaft mit Informationen zu Symposien, Forschungsprojekten, Publikationen, Arbeitskreisen usw.

V: Andrea H. Schneider
P: sparsam illustriert
S: deutsch und englisch

Ein möglicher Einstieg in die Banken- und Unternehmensgeschichte.

Technikgeschichte

Zwar gibt es eine Fülle von Internetangeboten zu speziellen technischen Entwicklungen der Vergangenheit, doch dominiert dabei der militärische Sektor sehr stark. Seiten zur allgemeinen Technikgeschichte sind noch spärlich.

U

Caltech Institute Archives

http://archives.caltech.edu

Dokumenten- und Manuskriptsammlungen, Fotos, Archivinventar (einschließlich Verweise auf Oral-history-Projekte), Biographien wichtiger Forscher.

V: California Institute of Technology
P: Fotos von bedeutenden Forschern und Versuchsanordnungen
S: englisch

Von speziellem Interesse für Physikgeschichte.

U

WWW Virtual Library
History of Science, Technology & Medicine

http://www.asap.unimelb.edu.au/hstm/hstm_ove.htm

Informationen zu den genannten Gebieten, zu Veröffentlichungen, Instituten und Forschern.

V: Universität Melbourne
L: umfangreiche Linksammlung
T: ziemlich lange Ladezeiten
S: englisch

Dies Linksammlung ist trotz der überwiegend zu kurzen Kommentare sehr nützlich.

U

Maritime History on the Internet

http://ils.unc.edu/maritime/home.shtml

Schiffe, ihre Erbauer, Register, Museen, Literatur, Quellen, Ausbildungsmöglichkeiten, Chronologien usw.

V: *University of North Carolina*
Q: *direkter Zugriff auf wichtige Quellen*
P: *einige Abbildungen, aber noch deutlich ausbaufähig*
L: *umfangreiche Linksammlung*
S: *englisch*

Sehr detailliert; *die* Einstiegsseite zur Seefahrtsgeschichte!

* *

The Mary Rose

http://www.maryrose.org

Detaillierte Informationen über die „Mary Rose", ein 1967 entdecktes und später gehobenes Kriegsschiff des 16. Jahrhunderts.

V: *Mary Rose Trust, Portsmouth*
P: *viele schöne Abbildungen*
B: *mit Bibliographie*
T: *sehr anschaulich, perfekt gegliedert*
S: *englisch*

Lässt keine Frage offen, sogar kindgerechte Anteile sind enthalten.

Frauen- und Geschlechtergeschichte

Es überrascht nicht, dass dieses sehr aktuelle Gebiet reichlich im Internet verfügbar ist. Neben den sehr kämpferischen Seiten gibt es auch viele seriöse Angebote!

* * U

Internet Women's History Sourcebook

http://www.fordham.edu/halsall/women/womensbook.html

Sehr detaillierte Bibliographie (mit Auszügen und Kommentaren) zur Rolle der Frau seit der Antike.

V: Paul Halsall, Fordham Jesuit University of New York
Q: jede Menge!
P: kaum illustriert; textorientiert
L: sehr viele wichtige Links
S: englisch

Sehr breit gefächerte und detaillierte Seite, etwas unübersichtlich. Wer Informationen zur Frauengeschichte sucht, findet sie wahrscheinlich hier!

* *

Distinguished Women of Past and Present

http://www.distinguishedwomen.com

Suchmaschine zur Frauengeschichte in aller Welt.

V: Danuta Bois
L: viele gute Links! Verknüpfungen zu biographischen Daten über Members-AOL und Encarta
T: ansprechend und übersichtlich
S: englisch

Sehr gute Suchmaschine mit vielen Funktionen.

Women's history

http://www.iisg.nl/~womhist

Sehr gute Datenbank zur Frauengeschichte.

V: International Institute of Social History
B: genaue bibliographische Angaben
S: englisch, niederländisch

Gute Recherche-Möglichkeit, leider aber kein direkter Zugriff auf die Quellen.

Archiv der deutschen Frauenbewegung

http://www.uni-kassel.de/frau-bib

Kurze Darstellung des Archivs und seiner Arbeit.

V: Uni-Kassel, Archiv und Bibliothek zur deutschen Frauenbewegung
T: einfach und übersichtlich
S: deutsch

Leider keine Recherchemöglichkeit; kein Zugriff auf die Datenbestände des Archivs, kostenpflichtig.

Living the Legacy: The Women's Right Movement 1848-1998

http://www.legacy98.org

Darstellung der Frauenbewegung in den USA und Informationen zu aktuellen Veranstaltungen.

V: The National Women's History Project
S: englisch

Gelungene Darstellung, allerdings stark für den Trägerverein werbend.

*

U

Women and Social Movements in the United States 1830–1930

http://www.binghamton.edu/~womhist

Darstellung von Studien und Projekten zur Frauengeschichte der USA.

V: Binghampton State University of New York
Q: zu jedem Projekt ausführliche Quellenliste
P: Dokumente im Faksmile!
S: englisch

Gut gemachte, übersichtliche Seite, die allerdings nur die eigenen oder assoziierten Studien darstellt, nicht aber das Thema insgesamt.

Diotima

http://www.stoa.org/diotima

Materialien zur Frauen- und Geschlechtergeschichte in der Antike.

V: Liliana Drucker, University of Kentucky, Lexington
Q: zahlreiche Aufsätze in unterschiedlichen Sprachen
B: sehr umfangreiche, sauber ausgeführte Bibliographie!
L: gute Linksammlung
S: englisch

Sehr übersichtlich und genau!

Medieval Women

http://www.georgetown.edu/everhart/medieval_women/women.html

Materialien zu einer Lehrveranstaltung über Frauen im Mittelalter.

V: Deborah Everhart, Georgetown Univ.
L: ausführlich kommentierte Linkliste
T: textlastig
S: englisch

Bescheidene Seite, an der jedoch die von Studenten im Rahmen der Lehrveranstaltung zusammengetragenen Links wertvoll sind.

Sybils!

http://www.humanities.mcmaster.ca/~mmedia/mw2.htm

Interaktive Seiten zu Frauen im Mittelalter und der Renaissance.

V: *Kathleen Garay, McMaster Univ., Hamilton, Ontario*
Q: *interessant: ein Stundenbuch aus dem 15. Jh. im Faksimile und mit Transkription*
M: *einige Beispiele früher Musik*
T: *sehr bunt!*
S: *englisch*

Stark werbend; im Vordergrund steht Reklame für eine Fernsehserie/CD-ROM.

H-Frauen-L

http://www.h-net.msu.edu/~frauen-l

Diskussionsforum zur Frauen- und Geschlechtergeschichte.

V: *H-Net*
L: *u.a. zum „Medieval Feminist Index"*
T: *ziemlich lange Ladezeiten*
S: *englisch*

Anscheinend noch im Aufbau begriffen, doch bei dem sonst üblichen hohen Niveau des „H-Net" sollte man diese Seite im Auge behalten!

Witchcraft in Salem Village

http://etext.virginia.edu/salem/witchcraft

Ausgezeichnete Präsentation der Forschungsergebnisse zu den Hexenprozessen in den USA (Salem 1692).

V: *Universität Virginia*
Q: *Hunderte von Dokumenten!*
P: *zahlreiche Abbildungen, Karten und Faksimiles, die stufenweise vergrößert werden können und online lesbar sind!*
T: *sinnvoll gegliedert, gut strukturiert, aber etwas langsam*
S: *englisch*

Eine vorbildliche Seite, erschöpfend für die Thematik.

Hilfswissenschaften

Gerade die Hilfswissenschaften sind wegen der teilweise sehr attraktiven Medien gut im Internet repräsentiert – vor allem Heraldik und Genealogie werden wohl auch von vielen Liebhabern nachgefragt.

Überblick/allgemein

*
*
*
U

Virtual Library: Historische Hilfswissenschaften

http://www.vl-ghw.uni-muenchen.de/hw.html

Das Portal der Virtual Library zu allen Einzeldisziplinen der historischen Hilfswissenschaften.

V: Virtual Library, mehrere Hochschulinstitute
L: sauber gegliederte und gut gepflegte Linksliste
T: sehr übersichtlich
S: deutsch

Der beste Einstieg in die Hilfswissenschaften!

*
*
*
U

Online-Tutorium Historische Hilfswissenschaften

http://www.uni-tuebingen.de/uni/ghm/tutorium/start.htm

Hilfen zur Literatursuche, zur Klausurvorbereitung, zur Benutzung des „Grotefend", Hinweise zu Quellenkunde, Paläographie, Chronologie u. a. m., teilweise in Form eines Tutoriums.

V: Universität Tübingen, Abteilung für Mittelalterliche Geschichte
L: einige Links zu ähnlichen und weiterführenden Seiten anderer Hochschulen
S: deutsch

Eine sehr gelungene Seite, die teilweise ein Proseminar ersetzen kann.

Historische Geographie

CIA World Factbook

http://www.odci.goc/cia/publications/factbook/index.html

Informationen zu allen Staaten der Erde.

V: CIA
P: Übersichtskarten zu jedem Artikel
S: englisch

Auch wenn es sich nicht um historische Informationen handelt, lohnt ein Blick!

Interactive Ancient Mediterranean

http://iam.classics.unc.edu/map/map_idx.html

Kartenskizzen zur Geschichte des antiken Mittelmeerraumes.

V: University of North Carolina at Chapel Hill
P: z.T. ganz hervorragende Kartendarstellungen im .pdf- und .jpg-Format
L: zu weiteren Kartensammlungen
T: Gliederung nach Regionen; es ist möglich, nur Geländeformen, Umrisse, Ortsnamen etc. abzurufen
S: englisch, in den Karten aber erfreulicherweise die lateinischen Bezeichnungen

Sehr nützlich! Glücklicherweise ist nicht nur der Mittelmeerraum im engeren Sinne erfasst!

** U

U
K

Barrington Atlas of the Greek and Roman World

http://www.unc.edu/depts/cl_atlas/

Sammlung von im „Classical Atlas Project“ entstandenen Karten zur Alten Geschichte. Erfasst sind neben den Räumen der klassischen Antike auch die von ihr betroffenen Gebiete.

V: University of North Carolina at Chapel Hill
P: einige hoch auflösende Ausschnitte aus dem Kartenangebot
S: englisch

Leider sind nur wenige Beispieleabrufbar, stattdessen wird auf die Bestellliste verwiesen. Trotz der (wenigen) großartigen Karten enttäuschend!

*
*
U

Perry-Castaneda Library Map Collection

http://www.lib.utexas.edu/Libs/PCL/Map_collection/Map_collection.html

Kartensammlung, die keine Wünsche offen lässt! Häufig stammen aktuelle Karten aus Beständen der CIA, doch sind auch historische Karten enthalten.

V: University of Texas, Austin
P: gute Qualität, die Karten lassen sich weiterbearbeiten
T: alles sauber gegliedert
S: englisch, Kartenbeschriftungen in der Originalsprache

Schöne Kartensammlung; der Anteil historischer Karten ist aber noch ausbaufähig.

U

Hargrett Library Rare Map Collection

http://www.libs.uga.edu/darchive/hargrett/maps/maps.html

Karten und Ansichten zur amerikanischen Geschichte.

V: University of Georgia, USA
P: Ansichten online abrufbar; sehr hohe Auflösung fürs Web!
T: Karten gut über Thumbnails erschlossen
S: englisch

Sehr großes Archiv, auf amerikanische Verhältnisse zugeschnitten.

U

Sammlung Ryhner

http://www.stub.unibe.ch/stub/ryhiner/ry-dt1.html

Umfangreiche Online-Kartensammlung.

V: UB Bern, Schweiz
P: Karten in hervorragender Qualität, die sich auch vergrößern lassen
B: Archiv von Kartenherstellern (2200 Einträge)
T: wegen des Kartenmaterials lange Ladezeiten, aber es lohnt sich!
S: deutsch, wahlweise englisch

Bezieht sich ausschließlich aufs Schweizer Territorium, dort aber erschöpfend!

FEEFHS Background and Map Index

http://feefhs.org/maps/indexmap.html

Ausgewählte historische Karten Osteuropas.

V: FEEFHS, Federation of East European Family History Societies
P: viele Karten in sehr hoher Auflösung
T: textlastig und wenig ansprechend, etwas unübersichtlich, lange Ladezeiten
S: englisch

Gutes Kartenmaterial zur osteuropäischen Geschichte.

Chronologie, chronologische Übersichten, Zeitleisten

A Thousand Year

http://www.csmonitor.com/atcsmonitor/specials/athousandyears/index.html

Zeitleisten, die nach Jahrhunderten bzw. nach Sachgebieten ausgewählt werden können.

V: Christian Science Publishing Society
T: Zeitleisten im Shockwave-Format
S: englisch

Anschaulich, etwas verspielt.

Timelines of History

http://members.theglobe.com/algis

Chronologien der verschiedensten Art, teilweise Angaben zu jedem einzelnen Tag des Jahres.

V: Algis Ratnikas
B: alles sauber belegt!
T: textorientiert
S: englisch

Stark auf die USA zugeschnitten; es werden auch Geburtsdaten von Baseballstars aufgenommen.

Regenten der Welt

http://www.info-regenten.de/regent/regent-d/

Regententabellen für alle (modernen) Länder der Erde. Bestandteil der Webseite des Viktoria-Luise-Gymnasiums in Hameln, die auch viele nützliche Informationen zur Alten Geschichte enthält.

V: Enno Schulz
P: Abbildungen der Landesflaggen
L: zu den Staatsoberhäuptern der einzelnen Staaten
T: sehr schön
S: deutsch oder englisch

Fleißarbeit, recht genau, hilfreich zum Nachschlagen, aber weder Quellenangaben noch weiterführende Informationen.

Genealogie

Internetquellen zur Genealogie des deutschen Sprachraums

http://my.bawue.de/~hanacek/info/ddatbase.htm

Linkliste zur Genealogie, sehr ausführlich.

V: Andreas Hanacek
L: ausführliche, gut gegliederte Linkliste (auch zu kommerziellen Anbietern)
S: deutsch

Reine Linksliste ohne Einführung oder eigene Seiten, dennoch nützlich, echte Fundgrube; gut als Einstieg geeignet.

Gentree

http://www.gentree.com

Linksammlung zur Genealogie mit Anbindung an die Altavista-Suchmaschine.

> *V: Gentree*
> *L: um die 20 Links zu genealogischen Seiten*
> *T: sehr schlicht*
> *S: englisch*

Willkürliche Auswahl.

Genealogy.com

http://www.genealogy.com

Umfangreiche Genealogie-Seite mit Verknüpfungen zu kommerziellen Angeboten.

> *V: Genealogy.com, Il.*
> *L: viele Links zu anderen Genealogie-Seiten und -Suchmaschinen*
> *S: englisch*

Grafisch nett aufbereitete Suchmaschine.

Journal of Online Genealogy

http://www.onlinegenealogy.com

Kommerzielle genealogische Zeitschrift, „promoting the use of computers and the Internet in Family History Research“ mit Bestellmöglichkeit für Fachbücher und Software:

> *V: Family Toolboxnet, Inc.*
> *L: ungepflegt, zahlreiche defekte Links*
> *S: englisch*

Insgesamt schwach. Die Suchmaschine ist nützlich, doch bieten andere Seiten deutlich mehr.

The Genealogy Home Page

http://www.genhomepage.com/homepages.html

Genealogieseite mit vielfältigen Möglichkeiten: Anknüpfung an Datenbanken, Linkliste, Möglichkeit zum Software-Download etc.

V: Stephen A. Wood
Q: Dokumente über FTP
L: ausführliche, gut strukturierte Linkliste (sowohl intern als auch ins WWW zu Ressource-Zentren); auch zu Genealogie-Software (teils kommerziell)
T: Erscheinungsbild einfach und textlastig
S: englisch

Vielfältiges Angebot, viele interne Links, gute Hinweise in den FAQs.

World Roots Genealogy Archive

*

http://www.worldroots.com

Europäische Königs-und Fürstenhäuser von A – Z.

V: Brigitte Gastel Lloyd
P: sehr schöne Abbildungen (über Links)
L: viele gute, logische Querverweise
S: englisch

Sehr gut gegliedert!

Royal and Noble

U

http://www.dcs.hull.ac.uk/public/genealogy/GEDCOM.html

Genealogische Datenbank adliger Geschlechter.

V: University of Hull, GB
L: ausführliche Linkliste zu anderen Datenbanken
T: einfach, textlastig
S: englisch

Außer Links nicht viel, nicht einmal ein einführender Text.

***

Biographisch-Bibliographisches Kirchenlexikon

http://www.bautz.de/bbkl

Sehr umfangreiche Online-Version eines wichtigen Lexikons mit vielen hundert Biographien – nicht nur zu Gestalten der Kirchengeschichte.

V: Verlag Traugott Bautz
B: sehr ausführliche bibliographische Nachweise zu jedem Artikel – teilweise Hunderte von Literaturangaben (z.B. unter „Trajan“ oder „Klopstock“)!
S: deutsch

Ein ganz hervorragendes Nachschlagewerk! Die Artikel sind auf wissenschaftlichem Niveau, die Literaturangaben ersetzen teilweise Fachbibliographien, und das alles völlig kostenlos!

**

Biographien.de

http://www.biographien.de

Linkliste zu biographischen Nachschlagewerken.

L: umfangreich und sinnvoll gegliedert
S: deutsch

Eine wichtige Linkliste! Der Index der Biographien steht zwar erst am Anfang, doch sind über die Links viele spezialisierte Webseiten erreichbar. Störende Werbung!

Paläographie und Epigraphik

KIRKE – Epigraphik, Papyrologie, Buchwesen, Textkritik

***
U

http://www.phil.uni-erlangen.de/~p2latein/ressourc/buchkult.html

Sehr ausführliche Seite zu den genannten Hilfswissenschaften.

V: Uni Erlangen, Ulrich Schmitzer
Q: Zugang über Links zu Quellen und Projekten
L: sehr breit gefächerte strukturierte Linkliste
S: deutsch, z.T. auch englisch

Sehr umfangreiches Angebot, Zugang zu Datenbanken, z.T. auch einführende Abschnitte. Eine wichtige Seite!

Heraldik und Vexillologie

Heraldica

**

http://www.heraldica.org

Sehr ausführliche Einleitung in die Heraldik, mit Suchfunktionen und Erläuterungen der Grundstrukturen von Wappen.

V: François R. Velde
P: schöne Abbildungen der wichtigsten Wappenfiguren
S: englisch; großartig die Übersetzungsmaschine für heraldische Fachtermini in sechs Sprachen (darunter auch deutsch)

Sehr gut für Einsteiger in die Heraldik! Besonders sehenswert der Atlas der wichtigsten Wappenfiguren; großer FAQ-Bereich. Finanziert sich durch Werbung für kommerzielle Angebote auf der rechten Bildschirmseite.

*
*
K

Blazon

http://www.blazons.com

Freeware-Programm zur Erstellung eigener Wappenentwürfe.

V: Platypus Programming (kommerziell)
S: englisch

Sehr gutes, einfach zu bedienendes Programm, mit dem aus einer Bibliothek wichtiger Wappenbilder neue Wappen konstruiert werden können. Gut für den Einsatz im Unterricht geeignet. Ein echter Tipp!

The Flags & Arms of the Modern Era

http://jagor.srce.hr/~zheimer/flags/descr/index.html

Ausführliche Darstellung von modernen und historischen Flaggen und Wappenschilden aus den Gebieten der k.u.k.-Monarchie.

V: Zeljko Heimer
P: selbst gestaltete Computer-Bilder
L: übersichtliche Links
S: englisch

Allein zu Österreich werden über 200 Flaggen dargestellt! Verdienstvolle Arbeit eines Liebhabers, leider ohne Quellenangaben.

*

Flags of the World

http://fotw.stm.it/flags

Vielleicht die Flaggenseite der Welt!

V: Giuseppe Bottasini
P: gute Darstellungen der Flaggen
L: ausführliches Link-Verzeichnis
T: geschickt: die Steuerung über Karten - von der Weltkarte zum Kontinent, dann zum Land und der Flagge
S: englisch

Guter einführender Teil mit Grafiken zur Erläuterung der Flaggenkunde.

Schule und Unterricht

Da Schüler und Lehrer mit zu den eifrigsten Autoren im Internet gehören, gibt es auch viele Angebote, die sich speziell an deren Bedürfnissen orientieren. Obwohl es einige Versuche gibt, alle unterrichtsrelevanten Themen auf einer Seite oder in einem Webring zu vereinigen, ist gerade hier der Wildwuchs besonders groß, weshalb interessante Informationen auf die unterschiedlichsten Adressen verstreut sind.

Portale – vor allem für Lehrer

Lehrer online

http://www.lehrer-online.de

Versuch, ein Portal für Lehrer zu schaffen. Magazin-Teil, Projekte und „Events", besonders interessant: Schulfächer, dort Verbindung zu Unterrichtsentwürfen und Materialien von unterschiedlicher Qualität.

V: Schulen ans Netz e. V.
P: Abbildungen lassen sich nicht vergrößern
T: technisch sehr aufwendig und bunt, deshalb lange Ladezeiten
S: deutsch

Bislang noch nicht sehr eindrucksvoll, doch besteht Hoffnung, dass Zahl und Qualität der Unterrichtsvorschläge steigen.

Lehrernet

http://www.lehrernet.de/faecher/geschichte.htm

Linksammlung mit Anregungen und Materialien für den Unterricht.

L: umfangreiche kommentierte Linkliste
T: alles auf einer Seite
S: deutsch

Unkritische Auswahl, Struktur noch zu verbessern. Unter den aufgeführten Links finden sich aber viele sehr gute Hinweise!

***

Zentrale für Unterrichtsmedien im Internet

http://www.zum.de/

Umfangreiche Listen von Quellen und Unterrichtsmaterialien im Netz, geordnet nach den Lehrplänen der Bundesländer (bislang nur einige, doch der Ausbau schreitet voran).

V: ZUM Internet e. V. (Eigeninitiative von Lehrern)
Q: Quellen, Unterrichtsmaterialien, Manuskripte, Berichte über Schulprojekte, vieles mehr
L: z. Z. bereits 200 gut strukturierte Links
S: deutsch

Wegweisend; zur Mitarbeit sei jeder ausdrücklich aufgerufen!

Geschichte und Unterricht

http://www.mdzonline.de/guu/

Interessante Übersicht: Historiker und Geschichtsdidaktiker mit kurzen Lebensläufen und Forschungsschwerpunkten, Unterrichtsideen (aber nur kurze Happen von unterschiedlichem Niveau, z.B. zusammenhanglose Einstiegsideen oder ein Rollenspiel zum Neolithikum mit über 30 Rollenkarten).

V: Mirko Dylan Zimmermann, Realschullehrer in Bonndorf
Q: mehrere selbst erstellte Arbeitsblätter
L: Linkliste
S: deutsch

Durchwachsen; manche Ideen sind ausgesprochen gut!

**

Internet-Datenbank zur Unterrichtsvorbereitung

http://www.psm-data.de/indexg.html

Umfangreiche Datensammlung, nicht nur zur Geschichte.

Q: zahlreiche Quellen und teilweise sehr anschauliche Materialien
M: mehrere Powerpoint-Präsentationen zur NS-Zeit
T: gute Benutzerführung
S: deutsch

Offensichtlich eine Privatinitiative, aber sehr positiv, eine echte Hilfe für die Unterrichtsvorbereitung!

European Schoolnet

http://www.en.eun.org/eun.org2/eun/en/index.html

Linksammlung, opulent aufgemacht, enthält auch Informationen für Lehrer zur Nutzung des WWW (einschließlich Erstellen eigener Webseiten).

V: European Schoolnet, EU
L: einige Links zu interessanten und schülergerechten Seiten
T: sehr aufwendig
S: alle EU-Sprachen

Guter Einstieg, aber bislang nur sehr sparsame Auswahl an Links.

Martin Bode TGG

http://www.ewetel.net/~martin.bode/index.htm

Links, Literatur und Material zur römischen Geschichte.

V: Martin Bode, Lehrer am Teletta-Groß-Gymnasium Leer
P: zahlreiche Illustrationen, Qualität unterschiedlich
S: deutsch

Viele nützliche Materialien für den Unterricht, überwiegend Eigenproduktion.

und Hilfsmittel – nicht nur zum Pfuschen und Spicken, sondern auch ganz seriös als Fundus für Ideen und und und ... (außerdem müssen Lehrer doch wissen, woher Schüler ihre Informationen beziehen!).

***

Geschichte im Internet

http://www.hbg.ka.bw.schule.de/projgesch

Hervorragendes Portal speziell für Schüler, mit Suchmaschine, vielen wichtigen Links und sogar dem Lehrplan LK Geschichte Baden-Württemberg mit Angabe dazu passender CD-ROMs. Außerdem werden Übungsblätter für Schüler „Suchen im Internet" angeboten.

V: *Heisenberg-Gymnasium Karlsruhe*
Q: *zahlreiche Schülerreferate, Links zu Quellensammlungen*
L: *umfangreiche Linksammlung*
T: *methodisch sauber aufgemacht, gut strukturiert*
S: *deutsch*

Professionelle Arbeit! Sehr lohnend!

Learnline NRW

http://www.learn-line.nrw.de

Bildungsserver des Landes Nordrhein-Westfalen

V: *Landesinstitut für Schule und Weiterbildung NRW*
L: *Links zu allen Bereichen schulischen Lebens und Lernens*
T: *übersichtlich, gut sortiert*
S: *deutsch*

Für Schüler und Lehrer gedacht (u. a. auch schulinterne Stellenausschreibungen). Störende Werbung!

Schülerweb.de

http://www.schuelerweb.de

K

Archiv von Referaten aus dem Geschichtsunterricht mit Suchmaschine.

V: Gebrüder Meyer (kommerziell)
L: Links zu Servern mit Schülerarbeiten
T: störende Werbung
S: deutsch

Die Qualität der Schülerbeiträge ist teilweise nicht überzeugend, regt aber zur Eigenproduktion an.

Fundus.org

http://www.fundus.org

* K

Riesige Sammlung von Referaten und anderen Schülerarbeiten!

V: Sonixmedia GmbH (kommerziell)
Q: allein zum Fach Geschichte 1080 Referate!
L: keine Links, alle Referate im Volltext auf der Seite
T: Texte als .zip und .pdf zum Download, dazu Informationen über die Zahl der enthaltenen Wörter, mit Suchmaschine
S: deutsch

Qualitativ durchwachsen, doch ermöglicht die integrierte Bewertungsfunktion durch die Nutzer eine Orientierung. Fundus.org sucht ausdrücklich nach zur Veröffentlichung geeigneten Referaten!

*
K

Hausarbeiten.de

www.hausarbeiten.de

„Das Wissensarchiv im Internet", ein regelrechtes Portal mit aktuellen Nachrichten, Werbung, Chaträumen und vielen (auch unterrichtsfernen) Dingen, an denen Schüler Freude haben. Anmeldung erforderlich!

V: Tanja Hammer, Patrick Hammer (kommerziell)
Q: im Archiv nahezu 8000 kostenlose Texte aus 73 Fachbereichen, davon ca. 1000 zum Fach Geschichte, überwiegend Seminararbeiten
T: leider jede Menge Werbung, deshalb lange Ladezeiten; die Struktur ist nicht nachvollziehbar und wenig übersichtlich, Weiterleitung zu kommerziellen Unternehmen (z.B. Amazon.de)
S: deutsch

Die „lifestyle-mäßige" Aufmachung dürfte Schüler ansprechen, die Qualität der Arbeiten ist durch Angabe der Benotung gesichert (hoffentlich!, zusätzlich gibt es eine Bewertung durch die Benutzer). Leider ist die Webseite sehr unübersichtlich; die zahlreichen Arbeiten zu historischen Themen sind nicht weiter geordnet.

!

Hausaufgaben.de

http://www.hausaufgaben.de

Umfangreiches Angebot an ausgearbeiteten Referaten aller Fachrichtungen, ganz offen zum Abschreiben gedacht.

T: lange Ladezeiten, lästige Werbung
S: deutsch

Die Qualität der Beiträge ist meist ziemlich bescheiden, interessant ist aber die „Hotbox", bei der Experten über E-Mail Fragen beantworten – hier werden noch kompetente Mitarbeiter gesucht!

Wichtige Institutionen

Die universitären Forschungseinrichtungen sind über die Homepages der einzelnen Hochschulen gut erreichbar; hier folgen einige zusätzliche Adressen. Besonders die Archive der Stiftungen sollte man nicht unterschätzen; hier finden sich einige sehr nützliche Texte.

Geschichtswissenschaft

Max-Planck-Institut für Geschichte

http://www.geschichte.mpg.de

Seriöse Online-Präsentation.

V: Max-Planck-Gesellschaft
T: einfach, professionell und übersichtlich, jedoch lange Ladezeiten
S: deutsch und englisch

Leider nicht allzu ergiebig, da die Seite hauptsächlich aus Eigenwerbung und der Darstellung eigener Projekte besteht.

Bayerische Akademie der Wissenschaften

http://www.badw.de

Ausführliche Online-Präsentation der Akademie und ihrer Organisation.

V: Bayerische Akademie der Wissenschaften
Q: Verzeichnis der Publikationen, dabei auch Online-Versionen
L: nur intern
T: sehr einfach und übersichtlich
S: deutsch

Sehr viele interessante Informationen sind abrufbar, eine Recherche ist jedoch nicht möglich.

***

Bundeszentrale für politische Bildung

http://www.bpb.de

Online-Präsentation der Bundeszentrale.

> *V: Bundeszentrale für politische Bildung*
> *Q: alle Publikationen sind entweder in Auszügen oder als Vollversion abrufbar!*
> *T: sehr ansprechend und einfach gehalten*
> *S: deutsch*

Sehr gute Seite, weil hier viel eingesehen und abgerufen werden kann! Sehr gut auch die Möglichkeit zur Recherche.

Stiftungen

Friedrich-Ebert-Stiftung

http://www.fes.de

Alle nur denkbaren Informationen über die Stiftung: Referate, Stipendien, Digitale Bibliothek, Ansprechpartner ...

> *V: Friedrich-Ebert-Stiftung, Berlin*
> *T: gut gegliedert!*
> *S: deutsch oder englisch*

Gutes Textarchiv!

Konrad-Adenauer-Stiftung

http://www.kas.de

Viele Informationen über die Stiftung, ihre Organisation und Stipendien, aber auch Referate, Publikationen, Geschichte der Christlichen Demokratie u. a. m.

V: Konrad-Adenauer-Stiftung
Q: Verzeichnis eigener Publikationen, annotierte Bibliographie
L: auf der Frontpage
S: deutsch, wahlweise englisch, französisch, spanisch

Vorwiegend zur Literaturrecherche geeignet.

Friedrich-Naumann-Stiftung

http://www.fnst.de

Umfassende Informationen zur Friedrich-Naumann-Stiftung, darunter auch Publikationen und aktuelle Diskussionsforen.

V: Friedrich-Naumann-Stiftung
L: reichhaltig, logisch aufgebaut
S: deutsch oder englisch

Sehr informativ! Leider keine Recherche im Archiv möglich.

Zeitschriften

Auch wenn es nur ausnahmsweise möglich ist, komplette Zeitschriften digitalisiert über das WWW einzusehen, sind doch schon die Inhaltsverzeichnisse eine große Hilfe: so lassen sich schnell bibliographische Angaben überprüfen oder Fundstellen ermitteln. Da es bereits Zeitschriften als Volltext auf CD zu kaufen gibt, werden sie wohl hoffentlich bald auch online verfügbar gemacht.

*
*
*
U

Deutsche Datenquellen Alte Geschichte

http://www.phil.uni-erlangen.de/~p2latein/vl/vlagdt.html

Projekte, Institutionen, Zeitschriften, Lehre im Netz – nicht nur zur Alten Geschichte!

V: Uni Erlangen
B: Links zu bibliographischen Seiten (vor allem Forschungsberichte), Inhaltsverzeichnisse wichtiger historischer Zeitschriften: HZ (von 1859 bis heute!), ebenso GWU (einschließlich Abstracts!), Gymnasium, HJb, Klio, Laverna u.a., zahlreiche Online-Publikationen, darunter vollständige Aufsätze zur Alten Geschichte, alles kommentiert
L: wirklich gute Sammlung!
S: deutsch

Hervorragendes Portal! Hier kann man endlos surfen! Bestandteil der Virtual Library (VL).

Historische Zeitschriften

http://www.uni-koeln.de/phil-fak/histsem/histjour/histjour.htm

*
U

Liste historischer Zeitschriften (derzeit 420), gegliedert nach Epochen, Themen und Regionen.

V: Stefan Blaschke, Uni Köln
L: Zugang zu Verlagen und Online-Zeitschriften
T: einfach und übersichtlich
S: deutsch

Sehr umfassend und gut annotiert, hier können Infos zu fast allen gängigen historischen Zeitschriften eingeholt werden. Teilweise noch im Aufbau, kostenpflichtig.

Zeitschriftenfreihandmagazin

http://www.phil.uni-erlangen.de/~p1ges/zfhm/zfhm.html

***
U

Inhaltsverzeichnisse wichtiger geschichtswissenschaftlicher Zeitschriften in deutscher Sprache (DA, VjhZG, HJb, NA u.a.), fast alle mit Inhaltsverzeichnissen.

V: Stuart Jenks, Uni Erlangen
B: sehr ausführliche Bibliographie, mit Inhaltsverzeichnis der einzelnen Zeitschriften, aber nicht annotiert
L: leider keine Links zu den Webseiten der Herausgeber oder Verlage
T: einfach, textorientiert
S: deutsch

Einzelne Artikel und Autoren können mit der lokalen Suchmaschine sehr leicht gefunden werden. Die Bezeichnung „Freihandmagazin" ist eigentlich falsch, da kein direkter Zugriff möglich ist. Trotzdem sehr hilfreich! Die Inhaltsverzeichnisse eignen sich hervorragend zur Erstellung von Bibliographien!

Glossar

Account
vom Provider erteilte Zugangsberechtigung, verbunden mit einer Benutzerkennung (Username) und einem Passwort, das nach dem ersten Gebrauch geändert werden sollte

Adresse
eindeutige Bezeichnung eines Servers, bestehend aus (zwingend) einer IP-Nummer und (fast immer) einem URL

ADSL
(Asymmetric Digital Subscriber List), schneller Zugang über das Telefon-Festnetz mit bis zu 8 Mbit/s downstream. Die Variante der Telekom heißt T-DSL.

Alias
Name, der für eine IP-Adresse steht, meist mit dem URL gleichgesetzt

Applet
Java-Programm, das der Browser auf einer Internetseite ausführen kann

ASCII
(American Standard Code for Information Interchange), international gültiger Basis-Schriftzeichensatz. Da ein Byte 256 verschiedene Informationen ausdrücken kann, wurde den ersten 128 von IBM jeweils ein Schriftzeichen zugeordnet. Diese sind zum allgemeinen Standard geworden. Sonderzeichen wie die deutschen Umlaute wurden aber in den folgenden 128 Zeichen untergebracht, die nicht gleichermaßen vereinheitlicht worden sind.

AT-Befehlssatz
(Attention), Standard für die Modem-Steuerung

ATM
(Asynchronous Transfer Mode), Übermittlung sämtlicher Telekommunikationsdienste über einen Anschluss

Ausloggen
Abmelden von einer bestehenden Verbindung, bei manchen Diensten zwingend notwendig!

Backbone
interne, besonders schnelle Leitungen der Provider, welche sich an Knotenpunkten überschneiden

Baud
Maßeinheit für die Anzahl der Sendesignale pro Sekunde

Benutzerkennung, siehe Account

Bit
(Binary digit), kleinste Informationseinheit im binären Code („1“ oder „0“ gleich „An“ oder „Aus“)

bps
(Bits per second), Maßeinheit für die Übertragungsgeschwindigkeit, gemessen an der Anzahl der Bits pro Sekunde

Browser
(to browse = schmökern), Programm, das HTML-Dokumente des WWW anzeigen kann

BTX
alter Telekom Online Dienst, inzwischen in T Online aufgegangen

Byte
kleinste adressierbare Datengruppe, bestehend aus 8 Bit

Cache
(„Versteck“), Zwischenspeicher, in dem z.B. der Browser Seiten aufbewahrt, um sie bei erneutem Zugriff schneller aufbauen zu können. Temporäres Cache wird beim Ausschalten des PC gelöscht, permanentes speichert die Daten auf der Festplatte.

CAPI
(Common Application Programming Interface), Softwareschnittstelle für ISDN-Übertragung, wird zusammen mit der ISDN-.Karte geleifert.

Chat
Online-Unterhaltung

Client
(Kunde), der Rechner, der Informationen von einem Server anfordert

Cookie
unverlangt beim Aufruf einer Webseite auf den PC des Nutzers übertragenes Datenpaket, das Aufschluss über sein Verhalten im Internet gibt. Damit kann z.B. Werbung individuell maßgeschneidert werden. Meist nur lästig. Über die Browser-Einstellung kann man die Annahme von Cookies generell oder nach Anfrage verweigern. Tut man das nicht, hat man über darüber keine Kontrolle, doch kann man die Cookies auch einzeln löschen.

DeNIC
(Deutsches Network Information Center, Karlsruhe), vergibt in Deutschland Alias-Namen der IP-Adressen

DFÜ
Datenfernübertragung

DNS
(Dynamic Name Server, auch Domain Name System), Datenbanksystem, das Internet-Adressen in maschinenlesbare IP-Adressen übersetzt

Dokument
jede Datei im Internet, wobei alle Medien enthalten sein können

Domain
oft allgemein für Internet-Adresse, eigentlich nur der Teil mit dem Rechnernamen

Download
Übertragung von Dateien auf den eigenen Rechner. Das entsprechende Adjektiv heißt „downstream"

DSL, siehe ADSL

Einloggen
Anmeldung bei einem Rechner durch Eingabe der Benutzerkennung und des Passwortes.

E-Mail
(Electronic Mail), siehe Seite 18

Entpacker, siehe Packer

FAQ
(Frequently Asked Questions), beantwortet häufig gestellte Fragen. Häufig findet man hier die Lösung für Probleme, die schon viele andere hatten!

Fallback
automatische Reduktion der Übertragungsgeschwindigkeit bei Verbindungsstörungen, wobei manche Modems sie nicht mehr selbstständig erhöhen, wenn die Verbindung wieder besser wird

Firewall
Programm zum Schutz eines internen Netzes, das alle eingehenden Daten überwacht, unerwünschte ausfiltert und Fremdzugriffe verhindern soll. Inzwischen auch auf sicherheitsempfindlichen Einzelplatz-PCs im Einsatz. Als Freeware erhältlich ist ZoneAlarm (*www.zonelabs.com*), das bei ungewöhnlichen Anfragen aus dem Internet warnt und eine „Notbremse" zur Verfügung stellt.

Frames
einzelne Fenster auf einer Internet-Seite. Oft sind Inhaltsverzeichnisse in einem eigenen Frame dargestellt, bleiben also sichtbar, auch wenn sich der Inhalt des Hauptfensters ändert. Da sie die Ladezeit erhöhen, kann man auf manchen Webseiten die Frames auch abschalten.

Freeware
für den Privatgebrauch kostenlos zur Verfügung gestellte Software, die nicht schlechter sein muss als teure kommerzielle Programme

FTP
(File Transfer Protocol), siehe Seite 22

Gateway
Übergangsstelle zwischen Netzwerken mit unterschiedlicher System-Software, von den Providern genutzt, um die Verbindung zum Internet herzustellen

Gopher
(Wühlmaus), siehe Seite 23

Homepage
Startseite eines Internet-Angebotes, das aus mehreren Seiten bestehen kann

Host
mit einem Netzwerk verbundener Computer; siehe Server

Hotline
telefonische Beratung bei Problemen, in der Regel besetzt

HTML
(Hypertext Markup Language), Programmiersprache, die den Internetseiten zugrunde liegt

HTTP
(Hyper Text Transfer Protocol), Protokoll zur Verwaltung von Hyperlinks, Standard im WWW

Hyperlink
Verbindung zu einer Adresse, die einfach nur angeklickt werden muss und automatisch die neue Seite aufruft

Hypertext
Querverweis im laufenden Text, farblich hervorgehoben, durch Mausklick zu aktivieren

Internet
(International Network), weltweiter Computerverbund

Intranet
internes Netzwerk z.B. eines Unternehmens oder einer Behörde, das dem Internet ähnlich ist, aber nur bestimmte Rechner miteinander verbindet und nur mit spezieller Berechtigung von außen angesteuert werden kann

IP-Adresse
(Internet-Protokoll-Adresse), ermöglicht weltweit die Identifizierung jedes im Internet angemeldeten Rechners

IRC (Internet Relay Chat), siehe Seite 24

ISDN
(Integrated Services Digital Network), digitales Telekommunikationsnetz

ISP
(Internet Service Provider), Anbieter, der einen Internet-Zugang, aber keine eigenen Inhalte zur Verfügung stellt

JAVA
Programmiersprache, die besondere Effekte auf Webseiten ermöglicht

JavaScript
vereinfachte JAVA-Version zur Erweiterung der HTML-Funktionen

LAN
(Local Area Network), lokales Netzwerk z.B. in einem Unternehmen

Link, siehe Hyperlink

Listserver
Server zur Weiterleitung von E-Mails an eine definierte Benutzergruppe

Logoff, siehe Ausloggen

Logon, siehe Einloggen

Mailbox
Rechner, auf dem Nachrichten und Dateien abgelegt werden können

MIME
(Multipurpose Internet Mail Extensions), Standard zur Übertragung von Dateien über E-Mail, die nicht reine ASCII-Texte sind

Modem
Modulator/Demodulator zur Umwandlung digitaler Computer- in analoge Telefonsignale und umgekehrt. Gesteuert werden Modems über den zum Standard gewordenen Befehlssatz der Firma Hayes, bei dem jedes Kommando mit „AT" beginnt (siehe AT-Befehlssatz).

MP3
Verfahren zur starken Komprimierung von Musikdateien bei (für Popmusik ausrei chender) Qualität

Netzwerk
Verbindung von mindestens zwei Rechnern, die sich Peripheriegeräte wie Drucker oder Scanner teilen und Daten miteinander austauschen können

Newsgroups, siehe Seite 22

Newsletter, siehe Seite 22

NTBA
ISDN-Basis-Anschlußss

Nullmodem
Kabel zum Zusammenschluss zweier Rechner über eine der üblichen Schnittstellen

offline
ohne Verbindung zum Internet

online
mit dem Internet verbunden

Online-Dienst
Provider, der neben dem Internetzugang zusätzliche Inhalte anbietet. In Deutschland sind T-Online, AOL und Compuserve die wichtigsten.

Packer
Komprimierungsprogramm, das den Umfang von Dateien stark reduziert und so die Übertragung beschleunigt. Die Dateien müssen anschließend wieder entpackt werden.

PDF
(Portable document format), Format für Dateien, die mit dem kostenlos erhältlichen Adobe Acrobat Reader lesbar, aber nicht veränderbar sind (erkennbar an der Endung *.PDF). Download ist möglich unter *www.adobe.de/products/acrobat/main.html,* doch findet sich dieses Programm auch auf den Heft-CDs der Computerpresse.

PoP
(Point of Presence), Einwahlknoten

POP-Server
legt eingehende E-Mails in die Mailbox, von wo sie durch den Nutzer abgeholt werden können

POP3
(Post Office Protocol 3), einheitliches Protokoll zur Übertragung von E-Mails

PPP
(Point to Point Protocol), Standardprotokoll zur Verbindung von Computern mit dem Internet, hat das ältere SLIP abgelöst

Provider
betreiben den Einwahlknoten zum Internet und gestatten Nutzern den Zugang. Es gibt kommerzielle Provider, die Gebühren verlangen, und nichtkommerzielle wie z.B. Hochschulen. Viele stellen auch Speicherplatz für vom Nutzer gestaltete Webseiten zur Verfügung.

Protokoll
jeder Standard zur Definition von Verbindungsabläufen

Proxy-Server
Zwischenspeicher beim Provider, in dem häufig nachgefragte Seiten abgelegt und so schneller zum Nutzer übertragen werden können. Nicht unproblematisch beim Online-Banking!

Router
System zur automatischen Weiterschaltung ankommender Verbindungen zwischen zwei Netzwerken, wobei die günstigste Strecke ermittelt wird

Schnittstelle
Fachchinesisch für Steckdose zur Datenübertragung am Computer

Scrollen
Herunterrollen eines über den Bildschirm herausreichenden Textes mittels der an den Rändern befindlichen Rollbalken und der Maus

Shareware
Software, die während einer meist mehrmonatigen Testphase kostenlos benutzt werden darf. Will man sie auch künftig verwenden, muss man eine Lizenzgebühr bezahlen. Da dies nicht zu kontrollieren ist, sind manchmal interessante Funktionen bis zur Registrierung gesperrt, andere Programme funktionieren nach Ablauf der Testzeit nicht mehr (können dann aber oft neu installiert werden, womit die Frist von vorne beginnt) oder nerven den Benutzer durch ständige Erinnerung an die Registrierungspflicht. Mit der Bezahlung unterstützt man die Entwicklung solcher oft sehr hilfreicher Programme!

Seite
unpräzise Bezeichnung für alle Dateien im WWW, wobei der Begriff Webseite zu bevorzugen ist

Server
Rechner innerhalb eines Netzwerks, auf den von anderen Rechnern aus zugegriffen wird

SLIP
(Serial Line Internet Protocol), Protokoll zur Datenübertragung im Internet, inzwischen von PPP abgelöst

SMTP
(Simple Mail Transport Protocol), wie der Name schon sagt: einfaches Protokoll zum E-Mail-Versand

SSL
(Secure Socket Layer), geschützte Verbindung, bei der Daten verschlüsselt werden

TCP/IP
(Transmission Control Protocol/Internet Protocol), das Standard-Übertragungsprotokoll für das Internet. TCP baut die Verbindung zwischen den Rechnern auf, IP ist für die Organisation der Daten verantwortlich

T-DSL, siehe ADSL

Telnet, siehe Seite 24

T-Net
Analoger Telefonanschluss an digitalen Telekom-Vermittlungsstellen, bundesweit verfügbar

Übertragungsrate
Geschwindigkeit des Datenaustauschs, in Bits pro Sekunde (bps) oder Zeichen pro Sekunde (cps) angegeben

UNIX
Betriebssystem, gängig auf Großrechnern und bei ambitionierten Nutzern

Upload
Übertragung von Dateien vom eigenen Rechner auf einen anderen. Das entsprechende Adjektiv heißt „upstream".

URL
(Uniform Resource Locator), Name, der dem Server die Identifizierung einer IP-Adresse ermöglicht

Usenet
(User Network), umfasst die Newsgroups im Internet

V.90
Übertragungsstandard für Modems mit 56 Kbit/s, wobei im Bereich des ISDN-Netzes auch digital gearbeitet wird

WAN
(Wide Area Network), überregional ausgebautes Netzwerk

Web, siehe WWW

WWW
(World Wide Web), Internet-Dienst, auf den mittels Browser zugegriffen wird. Siehe Seite 18

Webseite
(Website), aus mehreren Dateien bestehende Internet-Publikation; die Startseite ist die Home- oder Frontpage.